Anatole France

Jocaste

&

Le Chat maigre

UltraLetters Publishing

Du même auteur, chez le même éditeur :

Jocaste et Le Chat maigre, 1879

Le crime de Sylvestre Bonnard, 1881

Le Lys rouge, 1894

Le Jardin d'Epicure, 1894

Crainquebille, Putois, Riquet et plusieurs autres récits, 1904

L'Île des Pingouins, 1908

Les dieux ont soif, 1912

La Révolte des anges, 1914

Titre : Jocaste & Le Chat maigre

Auteur : Anatole France

Première publication : 1879

ISBN: 978-2-930718-50-7

Table des matières

Jocaste

I

— Quoi ! monsieur Longuemare, vous mettez des grenouilles dans vos poches ? Mais c'est dégoûtant !

— Rentré dans ma chambre, mademoiselle, j'en fixe une sur une planchette, et je lui découvre le mésentère, que j'excite au moyen de pinces très délicates.

— Mais c'est affreux ! Elle souffre, votre grenouille !

— Elle souffre peu en hiver et beaucoup en été. Si le mésentère est enflammé par suite d'une lésion antérieure, la douleur devient intense et le cœur cesse de battre.

— Et que vous sert de torturer ainsi de pauvres animaux ?

— À édifier ma théorie expérimentale de la douleur. Je prouverai que les stoïciens ne savent ce qu'ils disent et que Zénon était un imbécile. Vous ne connaissez pas Zénon, mademoiselle ? Ne le connaissez jamais. Il niait la sensation. Et tout n'est que sensation. Vous aurez des stoïciens un aperçu exact et suffisant quand je vous aurai dit que c'étaient des fous sans gaieté qui méprisaient la douleur avec une affectation insipide. Si quelqu'un de ces barbacoles s'était trouvé sous mes pinces, dans la position de ma grenouille, il aurait vu si on supprime la douleur par un acte de la volonté. D'ailleurs il est extrêmement avantageux pour les animaux d'être doués de la faculté de souffrir.

— Vous plaisantez ! À quoi peut servir la douleur ?

— Elle est nécessaire, mademoiselle. C'est la sauvegarde des êtres. Si, par exemple, la flamme ne nous causait pas, dès la première atteinte, une excitation intolérable, nous nous rôtirions tous jusqu'aux os sans nous en apercevoir.

Il la regarda.

— Et c'est une beauté que la souffrance, ajouta-t-il. Richet a dit : « Il y a entre l'intelligence et la douleur un rapport tellement étroit que les êtres les plus intelligents sont ceux qui sont capables de souffrir le plus. »

— Et naturellement vous vous croyez capable de souffrir plus que personne. Je vous demanderais bien de me conter vos souffrances, mais j'aurais peur d'être indiscrète.

— Je vous l'ai dit, mademoiselle ; Zénon était un sot. Si je souffrais beaucoup, je crierais. Quant à vous, qui êtes d'une organisation délicate et dont les nerfs sont des cordes sensibles, vous offrez à la douleur un instrument sonore, un clavier à huit octaves sur lequel elle pourra jouer, quand il lui plaira, les variations les plus savantes et les plus riches.

— Ce qui veut dire en français que je serai très malheureuse. Vous êtes insupportable. On ne sait jamais si vous parlez sérieusement. Et vos idées sont tellement extraordinaires que le peu que j'en comprends me fera tourner la tête. Mais répondez-moi comme il faut, et soyez sensé une fois dans votre vie, si vous pouvez. Est-il vrai que vous nous quittiez ainsi et que vous alliez si loin ?

— Oui, mademoiselle ; je dis au Val-de-Grâce un éternel adieu. Je n'y ordonnancerai plus la limonade au citron. C'est sur ma demande que je suis mis hors cadre et détaché comme stagiaire en Cochinchine. Je me suis déterminé en cette circonstance comme en toute autre, après avoir mûrement réfléchi... Vous souriez, mademoiselle ? Vous me croyez léger. Mais écoutez mes raisons : d'abord j'échappe ainsi aux portières, femmes de ménage, maîtresses d'hôtel, garçons d'hôtel, marchands d'habits et autres ennemis acharnés de mon bonheur domestique. Je ne verrai plus sourire de garçons de café. Avez-vous remarqué, mademoiselle, que les garçons de café sont uniformément surmontés d'un crâne magnifique ? C'est là une observation féconde ; mais il est inutile de vous développer les théories qu'elle me suggère. Je ne verrai plus le boulevard Saint-Michel. Je trouverai à Shanghaï des monuments ostéologiques d'après lesquels j'achèverai mon mémoire sur la dentition des races jaunes. Enfin, je perdrai ce teint vif qui témoigne, comme vous dites, mademoiselle, d'une santé insolente, et je prendrai l'aspect plus intéressant d'un citron à ses derniers jours. Il se produira dans mon foie des désordres compliqués qui exciteront vivement ma curiosité. Avouez-le, tout cela vaut bien le voyage.

René Longuemare, aide-major de première classe, parlait ainsi dans le jardin, au pied du chalet. Il y avait devant lui une petite pelouse, une pièce d'eau avec une grotte artificielle, un arbre de Judée, des houx le long d'une grille ; par-delà la grille, au loin, la belle vallée, la Seine, ondulant à gauche entre des rives d'un vert pâle, traversée à droite par la ligne blanche du viaduc et disparaissant entre cette immensité de toits, de clochers et de dômes, qui est Paris. La lumière, qui tombait dans le lointain poudroyant, sur le dôme doré des Invalides, y rebondissait en rayons. C'était une bleue et chaude journée de juillet ; quelques nuages blancs se tenaient immobiles dans le ciel.

La jeune fille à qui René Longuemare parlait, assise dans un fauteuil de fer, leva sur l'aide-major ses grands yeux clairs et resta silencieuse avec quelque chose d'incertain et de triste sur les lèvres.

Ses yeux, d'une nuance indécise, avaient l'air frileux et si chargés de langueur, que tout le visage qu'ils éclairaient en recevait une expression singulière de volupté, bien que le nez fût droit et les joues un peu creuses. La face, d'une nuance uniformément blême, faisait dire aux femmes : « Cette demoiselle n'a pas de teint. » La bouche, trop grande, un peu molle, exprimait des instincts de bienveillance et de facilité.

René Longuemare reprit avec effort ses détestables plaisanteries :

— Non ! dit-il, il faut vous l'avouer, mademoiselle ; en quittant la France, je fuis mon bottier. Son accent tudesque m'est devenu insupportable.

Elle lui demanda encore une fois s'il était vrai qu'il partît. Alors il cessa brusquement de sourire.

— Je prends demain, dit-il, le train de 7 heures 55 du matin et je m'embarque à Toulon le 26, à bord du *Magenta*.

Il entendit le bruit des billes d'ivoire qui se choquaient sur le billard, dans le chalet, et une voix méridionale qui s'écriait emphatiquement :

— Sept à quatorze !

Il jeta un regard rapide à travers la porte vitrée sur les joueurs, fronça les sourcils, dit brusquement adieu à la jeune fille et partit vite, avec un visage bouleversé et des yeux gros de larmes.

La jeune fille le vit un moment ainsi de profil, au-dessus des houx, derrière les lances de fer de la clôture. Elle se leva, courut jusqu'à la grille, serra son mouchoir contre sa bouche comme pour y étouffer un cri, puis enfin, résolue, elle étendit les bras et appela d'une voix étranglée :

— René !

Elle laissa retomber ses bras : il était trop tard, il ne l'avait pas entendue.

Elle se colla le front contre un barreau de fer. La détente de ses traits, l'abandon de tout son être témoignaient d'une irréparable défaite.

La voix méridionale sortie du chalet cria :

— Hélène ! le madère !

C'était M. Fellaire de Sisac qui appelait sa fille. Il se dressait de toute la hauteur de sa petite taille devant le tableau où les points des joueurs étaient marqués au moyen d'anneaux de bois enfilés dans des tringles. Avec un geste magnifique, il frottait de craie le bout de sa queue de billard. Ses yeux pétillaient sous des sourcils en broussailles très épais. Il avait un air capable et satisfait, bien qu'il eût largement perdu la partie.

— Monsieur Haviland, dit-il à son hôte, je tiens essentiellement à ce que ma fille nous fasse elle-même les honneurs de mon madère. Que voulez-vous ? Je suis patriarcal et biblique. En votre qualité d'insulaire, je vous crois bon appréciateur de tous les vins en général et du madère en particulier. Goûtez celui-ci, je vous prie.

M. Haviland tourna sur Hélène ses yeux ternes et prit silencieusement le verre qu'elle lui présentait sur un plateau de laque. C'était un long personnage à longues dents et à longs pieds, roux, chauve, vêtu d'un costume à carreaux. Il avait gardé sa jumelle en bandoulière.

Hélène disparut. Elle avait regardé son père avec inquiétude. Elle semblait mal à l'aise de l'entendre faire ses politesses volumineuses. Elle fit dire qu'elle était indisposée et qu'on l'excusât de ne point paraître au dîner.

Dans la salle à manger, peinte comme un café de boulevard, M. Fellaire de Sisac versait, coupait et découpait à grands fracas. Il s'écriait : « Eh ! la truelle au poisson ! » quand il l'avait sous les yeux. Il éprouvait le fil du couteau avec une gravité d'opérateur forain et passait sa serviette très haut dans son gilet. Il vantait ses vins et parla d'un syracuse sec, longtemps avant de le déboucher.

Le jardinier, loué à l'année, faisait le service de la table avec un air goguenard et sournois. C'était une espèce de paysan faubourien qui jetait dans l'oreille de son maître d'assez vertes réparties sans que celui-ci parût les entendre.

M. Haviland, qui avait le sang à fleur de peau, mangeait beaucoup, devenait très rouge, restait mélancolique et ne disait rien. M. Fellaire de Sisac, ayant annoncé qu'il ne parlerait pas d'affaires, se mit presque aussitôt à exposer ses principales opérations. Il était agent d'affaires et avait une clientèle de propriétaires et de commerçants expropriés. Les grandes percées de rues et de boulevards, si lestement poussées par M. Haussmann, lui donnaient de la besogne.

Il fallait en effet qu'il eût gagné beaucoup d'argent en peu de temps, car (ce qu'il ne disait pas) on l'avait vu longtemps, un portefeuille sous le bras, traîner ses bottes éculées dans les environs de la rue Rambuteau. C'est là qu'au fond d'une cour, dans un cabinet obscur, il donnait audience à quelques charcutiers en détresse. Il se fit, dans ce logis malsain, les joues bouffies et blafardes qui ne cessèrent plus désormais de pendre des deux côtés de son visage.

Une plaque de cuivre, vissée à sa porte, indiquait son nom : *Fellaire ;* et ces mots : *de Sisac*, entre parenthèses, comme une mention d'origine :

FELLAIRE (DE SISAC).

Sur une nouvelle plaque, au seuil d'un nouveau domicile, les parenthèses furent remplacées par une virgule après le premier nom :

FELLAIRE, DE SISAC.

Sur une troisième plaque, posée à la suite d'un troisième déménagement, la virgule ne reparut pas et rien ne la remplaça :

FELLAIRE DE SISAC.

Maintenant, il n'y a plus de plaque à la porte de l'agent d'affaires, qui occupe, en ville, un appartement orné de glaces, au premier étage d'une maison de la rue Neuve-des-Petits-Champs, et qui a fait bâtir un chalet à Meudon. M. Fellaire est natif de Sisac, près Saint-Mamet-la-Salvétat, dans le département du Cantal, où son frère est encore aujourd'hui meunier.

Aussitôt qu'il apprit qu'une partie de la Butte-des-Moulins devait tomber pour dégager les abords du Théâtre-Français, M. Fellaire de Sisac lança des cartes, des prospectus, des circulaires et fit des visites aux propriétaires et aux principaux commerçants des immeubles condamnés. Dans ce qu'il nommait « sa tournée », il alla voir à l'hôtel Meurice M. Haviland, qui possédait une grande maison située au pied de la Butte, près du théâtre. Cette maison appartenait à la famille Haviland depuis près de deux siècles.

Le banquier John Haviland y établit ses bureaux en 1789. Il mit des fonds considérables à la disposition du duc d'Orléans, qu'il considérait comme le successeur désigné de Louis XVI, si, comme il le pensait, les Français s'en tenaient à la royauté constitutionnelle. Mais ni les événements dans leur marche violente, ni le duc naturellement indécis, ne se prêtèrent aux projets de l'audacieux banquier. Celui-ci se retourna du côté de la cour et favorisa la contre-révolution. Il se mit en communication avec la reine par l'intermédiaire de la belle madame Elliot. Après la chute définitive de la royauté, dans la journée du 10 août, il s'enfuit en Angleterre et resta en rapport avec le duc de Brunswick et les princes. Son caissier, David Ewart, âgé de quatre-vingt-un ans, voulut rester à Paris pour sauvegarder les intérêts menacés de la maison. N'ayant pu obtenir une carte de civisme et par cela même considéré comme suspect, il fut arrêté et conduit à la Conciergerie, où il sembla oublié pendant plus de quatre mois. Enfin, traduit, le 1er thermidor 1794, devant le tribunal révolutionnaire et condamné comme conspirateur à la peine capitale, il fut guillotiné le même jour, sur la barrière du Trône, nommée alors barrière Renversée.

La banque Haviland fut sauvée de la ruine par l'énergique fidélité de ce vieillard. Mais la maison de la Butte-des-Moulins cessa d'en être un des comptoirs. On la mit en location.

Elle était bien noircie et souillée quand on la marqua pour la pioche. Sur la façade, les fenêtres étaient surmontées de la coquille de Louis XV. Un mascaron, coiffé d'un casque, faisait encore sa grimace héroïque sur la clef de voûte et dominait la porte cochère ; mais, situé sur les confins des enseignes murales du teinturier et du serrurier, il était peint d'un côté en bleu et de l'autre en jaune. Des petits tableaux, pendus à droite et à gauche de la porte et sous la voûte, offraient des noms de copistes et de costumiers. À l'intérieur, l'escalier de pierre, bordé d'une magnifique grille de fer forgé, était déshonoré de poussière, de crachats et de feuilles de salade. On y sentait une odeur alcaline très aigre. Des cris d'enfants s'entendaient sur les paliers, et les portes entrebâillées des logements laissaient apercevoir des femmes en camisole et des hommes en manches de chemise, dans le négligé du travail ou de la flânerie.

Telle était la maison Haviland à ses derniers jours.

M. Fellaire de Sisac, chargé des intérêts du propriétaire, l'avait visitée. Il avait constaté trente mètres de façade, deux boutiques avec dépendances et trente-deux exploitations diverses avec matériel, y compris la remise, où une marchande des quatre-saisons remisait sa voiture, et la mansarde, où une ouvrière cousait à la mécanique. Le tout fut mentionné dans un rapport destiné à édifier sur la valeur de l'immeuble le conseil nommé par l'administration de la Ville à l'effet d'indemniser les propriétaires expropriés. Dans le cas probable où l'affaire serait portée devant le tribunal compétent, M. Fellaire de Sisac fournirait l'avoué et l'avocat.

M. Fellaire de Sisac invita M. Haviland à dîner d'abord à Paris, puis à Meudon. Il faisait passer toute sa clientèle à sa table, agissant de la sorte par politique et par inclination. C'est devant les verres qu'il savait manier les hommes ; il était persuasif au dessert. D'ailleurs, il aimait à déboucher des bouteilles ; il appelait cela : vivre. Dans les époques les moins prospères de sa vie, il sablait le vin blanc du marchand de vin, avec des marrons rôtis, sur la toile cirée, dans un cabinet de société. C'est là qu'il donnait des consultations aux boutiquiers embarrassés. Maintenant, il recevait chez lui ; il avait de l'argenterie et du linge à son chiffre.

Or M. Fellaire de Sisac et M. Haviland en étaient au café. Les feux rouges et bas du soleil couchant doraient la salle à manger du chalet. L'homme d'affaires, dont les joues mortes continuaient de pendre lourdement, faisait courir sur son hôte des yeux agiles.

— Goûtez-moi ce cognac, cher insulaire, dit-il.

Ce nom d'insulaire lui semblait élégant. Il dit ensuite « Albion » pour dire l'Angleterre ; mais il s'excusa d'être aussi romantique.

M. Haviland but le cognac, demanda un verre de vin et dit :

— J'espère que l'indisposition de mademoiselle Fellaire est sans gravité.

M. Fellaire l'espérait aussi, et M. Haviland rentra dans le silence.

Il se leva avec une raideur anglaise compliquée d'arthritisme, car il avait les genoux perclus de douleurs rhumatismales. Son pardessus jaune sur les bras, il avait déjà franchi la grille du jardin quand il reprit la parole.

— J'ai l'honneur, dit-il à son hôte, de vous demander la main de mademoiselle Fellaire, votre fille.

Le petit homme allait probablement faire une réponse habile, mais pétulante. L'Anglais lui mit un papier dans la main.

— Vous trouverez là, dit-il, le relevé exact de ma fortune. Envoyez-moi la réponse par lettre chargée, s'il vous plaît. Ne me reconduisez pas. Non !

Et il prit d'un pas raide le chemin de la gare.

M. Fellaire, que rien ne surprenait d'ordinaire, était surpris. Il fit douze fois, avec agilité, le tour de la grotte artificielle. La lune éclairait ses grosses joues inertes qu'il semblait, en se démenant, porter comme un masque. Il songeait : — Quoi ? cet homme passe chez moi comme tant d'autres, comme tout le monde. — Je traite deux cents inconnus par an. — Il ne dit rien ; il voit ma fille six fois et n'ouvre la bouche que pour me la demander en mariage. Ah ça ! mais… est-ce qu'Hélène aurait mené si lestement cette saynète à deux personnages ? Mais non ! je ne suis pas un père de comédie, un Cassandre. Je sais ce qui se passe chez moi et je suis sûr que la pauvre enfant ne lui a pas adressé quatre fois la parole. Je crains même qu'elle n'accueille pas comme elle devrait ce…

Il se mordit le pouce et s'arrêta, l'œil fixe, comme un homme qui mesure un obstacle. Puis il rentra délibérément dans le chalet. En passant par la salle à manger, il lut le papier que M. Haviland lui avait remis, puis il monta dans la chambre de sa fille. Il posa son cigare sur la perse rose qui garnissait la cheminée et s'assit, comme un médecin, au chevet du lit où Hélène était couchée. Il lui demanda :

— Eh bien, comment allons-nous, ma mignonne ?

Comme elle ne répondait pas, il ajouta :

— M. Haviland a demandé ce soir de tes nouvelles d'une façon vraiment bien affectueuse…

Après une pause, de la voix grasse d'un homme qui a bien dîné :

— Comment le trouves-tu ?

Il n'obtint pas de réponse encore. Mais à la lueur de la bougie qui brûlait sur la cheminée, il vit qu'elle avait les yeux ouverts et fixes, le front contracté, un air de pénible réflexion. Il jugea très justement qu'elle connaissait les intentions de M. Haviland, et il ne craignit plus de frapper un coup brusque. Il lui dit :

— M. Haviland te demande en mariage.

Elle répondit :

— Je ne veux pas me marier ; je me trouve bien avec toi.

Alors il se ramassa dans la causeuse, ajusta ses poings sur ses genoux et tira un souffle sifflant de sa gorge ulcérée de liqueurs et tapissée de sucreries. Il prenait son attitude d'homme d'affaires.

— Fillette, tu ne me demandes pas ce que je lui ai répondu ?

— Eh bien, que lui as-tu répondu ?

— Mon enfant, je n'ai rien dit qui pût t'engager en aucune façon. J'ai voulu te laisser libre. Je ne me reconnais pas le droit de t'imposer ma volonté. Tu sais bien que je ne suis pas un tyran.

Elle s'accouda sur l'oreiller.

— Non, dit-elle, tu es un excellent père ; et, puisque je ne veux pas me marier, tu ne m'y forceras pas.

Il reprit avec bonhomie :

— Je te le répète, ma fille, tu seras libre comme l'air ; mais nous pouvons bien causer de nos petites affaires. Je suis ton père ; je t'aime. Je puis te dire des choses que tu es assez grande fille pour entendre. Voyons ! causons comme une paire d'amis. Nous vivons bien, tous les deux, nous vivons même très bien. Mais nous n'avons pas ce qu'on appelle une fortune assise. Je suis le fils de mes œuvres ; je suis arrivé trop tard, trop tard ! Il coulera de l'eau sous le pont avant que je t'aie amassé une dot. Et d'ici là, qui sait ce qui arrivera ? Tu as vingt-deux ans, et le parti qui s'offre à toi aujourd'hui n'est pas à dédaigner. C'est même ce que j'oserais appeler une trouvaille. Haviland n'est pas, à proprement parler, un jeune homme. Tu vois, fillette, que je suis juste. Mais c'est un gentleman, un vrai gentleman. Il est très riche.

Ayant la bouche pleine de ce dernier mot, il frappait la poche de son habit, dans laquelle était le papier que l'Anglais lui avait remis. Il poursuivit en s'échauffant :

— Ce diable d'Haviland est à la tête d'une fortune magnifique. Des immeubles, des bois, des fermes, des valeurs en portefeuille ! tout ! C'est superbe !

Elle fit une grimace de dégoût et haussa les épaules. Il sentit qu'il était brutal. Il reprit :

— Ne crois pas, fillette, que je veuille te voir faire ce qu'on appelle un mariage d'argent. Non ! je t'aime et je veux ton bonheur !

Il aimait véritablement sa fille, et son amour paternel lui mit de l'attendrissement dans la voix. Il reprit :

— Dieu m'est témoin que je ne veux que ton bonheur. Je sais ce que c'est que le sentiment, et, quand j'ai épousé ta mère, je n'ai pas regardé au magot. Veux-tu que je te dise ? Moi, je suis un rêveur, un sentimental. Oh ! je suis romantique au fond. Sais-tu ce que j'aurais fait si les circonstances l'avaient permis ? J'aurais fait de la poésie à la campagne. Mais, que veux-tu ? j'ai été pris corps et âme par les affaires. Maintenant je suis dans l'engrenage jusqu'au cou ! Ah ! dame ! la vie n'est pas tout roses, et il faut savoir faire des sacrifices. Eh bien, ma fillette, mon rêve est de te les épargner, à toi, les sacrifices. Je veux t'éviter les gênes, les misères de l'existence. C'est assez que ta pauvre mère les ait éprouvées et soit morte à la tâche... morte à la tâche, tu m'entends !

Il passa le revers de sa main sur ses yeux. Il était vraiment ému. Dans le fait, sa femme était morte phtisique dans sa famille, à Niort, où il l'avait renvoyée pour se tirer plus lestement d'affaire, seul ; mais il se grisait et s'attendrissait à toutes les paroles qui lui venaient. Il prit entre ses mains la tête de sa fille, la couvrit de baisers et, dans un grand élan :

— Écoute-moi, dit-il ; je te connais bien, ma Lili ; il te faut du bien-être, du luxe. C'est ma faute. J'ai été trop ambitieux. Je n'ai rien trouvé de trop grand ni de trop beau pour toi. Je t'ai élevée pour la fortune. Tu n'as appris ni à te servir ni à compter. Si tu ne deviens pas riche, tu seras la plus malheureuse des femmes, et c'est moi qui aurai fait ton malheur. Quelle responsabilité pour ton pauvre père ! J'en mourrais ! Mais elle est venue, la fortune ; elle est là qui frappe à ta porte. Hein ? petite, nous lui dirons d'entrer. Vois-tu bien ? je t'aime, je t'adore, ma fillette. Je sais ce qui te convient : l'amour ne trompe pas. Laisse-moi faire !

Hélène demanda d'un ton négligent si M. Haviland avait l'intention de se fixer à Paris.

— Oui, certes ! s'écria M. Fellaire, qui n'en savait absolument rien.

Il ajouta que son futur gendre était élégant de manières et capable encore de tourner la tête à bien des jeunes femmes. Et quant à ses sentiments, ils étaient d'une délicatesse… M. Fellaire ne pouvait concevoir qu'on eût des sentiments si délicats. Il frappa le dernier coup : parla d'hôtel, de voitures, de bijoux.

Hélène songeait que René Longuemare était parti, parti bien loin et pour longtemps, sans un mot d'amour, sans un mot de regret. S'il avait dit seulement qu'il reviendrait, qu'il emportait une pensée, un souvenir. Mais rien ! C'est donc que René ne l'aimait pas. Non, il n'aimait que ses livres, ses fioles, son scalpel et ses pinces. Il l'avait distinguée pour sa complaisance à l'écouter : voilà tout ! Il lui disait mille folies à elle comme à une autre, comme à toute autre. Pourtant, s'il l'aimait en secret, comme elle avait cru plusieurs fois le sentir ? Eh bien, elle se vengerait de sa désertion. Puis, son père disait vrai : elle était élevée pour la richesse ; elle avait la vocation du luxe. D'ailleurs, comment résister ? Quelle fatigue de se débattre ! Le premier assaut l'avait accablée déjà ! Son père reviendrait à la charge.

Hélène était de ces âmes qui acceptent d'avance la défaite. Enfin, l'amour de l'étranger la flattait. Elle savait, à des indices certains, combien cet amour était profond et vrai ; cet homme qui touchait au déclin, qui avait parcouru vingt-cinq ans la terre entière sans se désennuyer ; qui, de glace pour tout le monde, s'éprenait d'elle comme un jeune homme et qui, après trois mois de visites presque silencieuses, lui offrait son nom et sa fortune, cet homme-là n'était-il pas étrange, chevaleresque, généreux, et ne pouvait-on pas l'aimer ?

Elle souleva sa belle tête d'expression indécise et murmura :

— Nous verrons.

II

Il est bien vrai qu'Hélène Fellaire avait été élevée pour être riche. Elle se rappelait de son enfance les bas troués, le froid aux pieds, les assiettes de charcuterie qu'elle abominait, les stations sous les portes cochères pendant les déménagements, et le visage allongé de sa mère dans les soirées d'hiver. Elle se rappelait sa mère chantant ou grondant, agitée ou brisée, tourmentée, tourmentante. Une fois, elles étaient toutes deux en voyage. Où cela ? Quand cela ? Hélène ne le savait plus. Ce qu'elle savait, c'est qu'elle était petite alors. C'était la nuit ; sa mère, l'ayant tournée contre la ruelle, lui avait dit impérieusement : Dors. Puis la pauvre dame avait ôté sa chemise et l'avait lavée dans la cuvette. Hélène s'amusait beaucoup de sa maman entortillée d'un châle sur la peau et savonnant. Mais plus tard, quand elle découvrit que sa mère avait fait cela parce qu'elle était pauvre, elle fut saisie d'effroi.

Elle était, dès sa petite enfance, une affectueuse et délicate créature. Elle s'attendrissait sur toutes les souffrances qu'elle pouvait comprendre. Elle donnait aux petits pauvres des bonbons et des chiffons de poupée. Elle eut en cage un moineau qu'elle bourrait de sucre et qui périt écrasé contre une porte. Ce moineau lui procura des trésors de joie et de douleur. « Praxô éleva un tombeau à sa cigale par qui elle connut qu'on meurt. » Ainsi le poète de *l'Anthologie* fait parler l'enfant ionienne. Hélène ressentit, à la mort de son moineau, une sorte d'effarement qui lui resta pendant toute une saison.

Sa mère, fanée par la misère et sans cesse agitée par la jalousie que lui donnait un mari beau parleur, noctambule et avide d'argent de poche, n'avait pas cette quiétude, cette paix du cœur, cette présence assidue d'un esprit vigilant qu'il faut aux mères pour développer avec adresse et bonheur les petites âmes obscures qu'elles ont mises au monde. Hélène, embrassée ou fessée sans savoir pourquoi, renonçait à distinguer ses bonnes actions de ses mauvaises et s'engourdissait.

— Cette enfant me fera mourir ! s'écriait tout à coup madame Fellaire. Je ne sais pas ce que j'ai fait à Dieu pour qu'il m'ait donné un monstre pareil !

Puis c'étaient des vociférations, des sanglots, des poings crispés, des portes claquant avec fracas les chambranles. La pauvre petite, haletante et le cœur gros, se coulait sans bruit dans sa couchette et s'endormait avec des larmes sur les joues. Le lendemain matin, elle se réveillait sous une musique de baisers, de douces paroles, de jolies cantilènes que lui versait sa maman, tout éclaircie depuis la veille par quelques tardives attentions de M. Fellaire.

Quant à son papa, Hélène le trouvait très beau, très bon, très grand. Ses épais favoris et ses gilets blancs lui semblaient miraculeux. M. Fellaire était un dieu pour sa fille ; mais, à la manière des dieux, il se montrait rarement. Absent tout le jour, il rentrait tard. Il est vrai qu'après certains mécomptes éprouvés au-dehors, il avait des poussées d'assiduité domestique. Il promenait sa Lili au jardin des Plantes, la menait en voiture, la conduisait dans les cafés, où on lui servait de l'eau sucrée et même des sirops. De plus elle trempait le bout de sa langue dans le verre de son papa et faisait une grimace au goût amer de la boisson verte. C'était délicieux, mais c'était rare. Et le dieu s'évanouissait. Madame Fellaire n'en devenait ni moins maussade, ni moins irritable, certes. Hélène, près d'elle, dans sa petite chaise, songeait à son papa avec de grands élancements d'amour, et le fantôme du merveilleux gilet blanc apparaissait à ses yeux éblouis ; mais elle était paresseuse et se plaisait à ne rien faire. C'était d'ailleurs ce qui lui réussissait le mieux. Madame Fellaire ne prenait pas garde aux flâneries silencieuses de sa fille, et il suffisait, au contraire, d'une traînée de rire enfantin pour la faire éclater en reproches.

Hélène était d'un sensualisme précoce. Elle aimait d'instinct le luxe et raffinait comme elle pouvait sur l'ordinaire de la maison. Son penchant pour les délicatesses de la table et du vêtement faisait la joie de M. Fellaire, qui était un connaisseur.

Elle avait sept ans quand il la mit en pension à Auteuil, chez les Dames du Calvaire. Les robes blanches, le visage blanc des Mères, la paix de la maison, la sécurité d'une vie régulière, lui firent du bien.

Un jour, on lui dit que sa maman, qui était partie en voyage, ne reviendrait plus, plus jamais. Ce « plus jamais » lui fit une grande peur ; elle étouffa de sanglots. On lui mit un sarrau noir et on la lâcha dans le jardin. Ce jardin était pour elle une contrée mystérieuse, immense, pleine de choses vivantes, un monde enchanté, une terre de miracles. Son père venait la voir toutes les semaines et lui apportait des gâteaux. Il était admirable d'amour et d'orgueil paternels.

Lassé de tous les trottoirs battus pour rien, de tous les escaliers montés avec angoisse, de toutes les portes fermées au nez, de tous les courriers écrits sur le coin d'une table de café, crotté de toutes les boues, ayant parfois relancé le client jusque devant le saladier de vin chaud des bals de faubourg, chien errant de la chicane interlope, il apparaissait tous les jeudis, brossé, lustré, ganté, rasé de frais, avec du linge blanc, dans le parloir des Dames du Calvaire. Alors il avait l'air heureux, la mine reposée. Ses grosses joues blanches étaient tout à fait convenables. La Mère Sainte-Geneviève, directrice de la maison d'Auteuil, lui témoignait beaucoup de considération. Deux des plus grandes pensionnaires rêvaient de lui au dortoir.

Hélène admirait beaucoup son papa.

Et vraiment M. Fellaire était héroïque à sa façon. Un jour qu'il était dénué de toute monnaie, il emprunta à un de ses confrères les poésies d'Alfred de Musset, qu'il vit sur la table. « Je veux les relire une centième fois », dit-il. Et il alla les vendre sur les quais pour acheter des gants qu'il boutonna négligemment le lendemain devant la sœur tourière. Les gâteaux qu'il apportait à chaque visite pour Hélène et ses amies venaient de quelque pâtissier marquant, et les bonbons étaient dans des boîtes de haut goût, à emblèmes et à surprises. La Mère Sainte-Geneviève, l'ayant pris en grande estime, le consulta un jour sur quelque affaire litigieuse. Il offrit son temps, son activité, ses lumières. On daigna les prendre. Il rayonnait de joie et d'orgueil. Dans son désir de plaire, il mit à ses mémoires des faveurs bleues et il traitait avec onction les matières contentieuses. Quand il feuilletait des dossiers devant la Révérende Mère, il se mouillait le pouce du bout de la langue avec beaucoup de discrétion et une sorte de pudeur. Chaque consultation, il est vrai, le mettait au supplice ; mais c'était une torture délicieuse. Il subissait, pendant des heures entières, les explications de cette dame bornée, défiante, entêtée et douce, qui se dérobait ensuite à toute démonstration avec l'aisance d'une longue habitude. Cette belle femme blanche, un peu bouffie, qui, les yeux baissés et les mains dans les manches, ne parlait qu'à voix basse, l'intimidait extrêmement. Qu'il se sentait mieux à l'aise avec ses clients ordinaires, les cabaretiers suburbains et les fabricants brevetés de ceintures hygiéniques qui venaient jeter sur son bureau à cylindre avec d'effroyables jurons, une botte de jugements et d'assignations.

La Mère Sainte-Geneviève avait les grandes manières d'une abbesse de l'ancien régime. Une de ses élégances était de ne jamais soupçonner M. Fellaire d'avoir besoin d'argent. Il avançait constamment à la communauté des sommes dont la moindre lui coûtait des combinaisons à faire éclater une cervelle ordinaire.

Mais aussi quelle volupté pour lui d'entendre, le dimanche, les vêpres dans une tribune de la chapelle parfumée d'encens et d'iris, et de découvrir dans la nef sa fille penchée sur son livre d'église, entre la nièce d'un conseiller d'État et la cousine d'un prince monténégrin ! Après avoir contemplé la belle chevelure de son enfant et les épaules un peu pointues, mais fines, dans le corsage de mérinos brun, les verres de ses lunettes se brouillaient et il se mouchait comme au théâtre après les situations émouvantes.

Les affaires de la communauté lui coûtèrent quelque argent, mais lui procurèrent des relations avantageuses.

— J'ai la vogue, pensait-il, et ses gilets, tant de piqué blanc que de velours imprimé, moucheté, frappé, se bombaient sur sa poitrine avec une ampleur nouvelle.

Hélène grandissait, devenait belle. Ses cheveux, longtemps trop pâles et fades, comme ceux de sa mère, se doraient magnifiquement. Elle était douce, paresseuse, dégoûtée, avec de grands élans d'affection et des attendrissements rapides. On avait bien du mal, au réfectoire, à lui faire manger autre chose que de la salade et du pain avec du sel. Elle s'était fait une amie chez qui elle allait les jours de sortie, Cécile. Cette amie, fille d'un agent de change, était une petite personne de seize ans, à la fois puérile et vieillotte, coquette, pas très méchante ni malfaisante, nullement dépravée, faute d'imagination, et très riche. Elle avait l'esprit d'une femme de trente ans tout à fait nulle, ce qui lui donnait parmi ses compagnes le prestige d'une nature extraordinaire. Elle mena Hélène chez son père, à Passy, dans la chambre capitonnée où elle croquait des bonbons. Hélène s'alanguissait dans ce nid d'étoffes ; quelque chose de son âme s'y étiolait. Quand elle en sortait, tout lui semblait terne, dur, rebutant. Elle n'avait plus de courage. Elle rêvait d'avoir une chambre bleue et d'y lire des romans, couchée dans une chaise longue. Il lui vint des maux d'estomac qui achevèrent de l'abattre. Une nuit, il y eut une folle alerte dans le couvent. On cria : Au feu ! Toutes les pensionnaires sautèrent du lit et roulèrent ensemble dans les escaliers, les unes en jupon, les autres enveloppées de couvertures. Les petites suivaient en hurlant, les bras tendus et les pieds embarrassés dans leurs longues chemises de nuit. On reconnut bientôt qu'il n'y avait pas d'incendie. La Mère Sainte-Geneviève gronda toutes ces folles et félicita Hélène de n'avoir pas quitté son lit. Elle n'avait pas bougé, en effet, par mollesse, par cette sorte de lâcheté qu'elle avait devant la vie. Elle laissait faire, indifférente à ce qui l'entourait, rêvant de bijoux, de robes, de chevaux, de promenades en bateau, et fondant en larmes à la seule pensée de son père.

Elle sortit du couvent sachant saluer dans un salon et jouer une valse sur le piano. Elle trouva la maison paternelle montée à neuf. Elle en fit les honneurs. Elle eut sa chambre bleue. Son père avait pour elle des bontés, des prodigalités de vieux protecteur. Il la menait dans les petits théâtres et la faisait souper après le spectacle. Il croyait bien faire. Une cruelle déception pour elle fut de découvrir que ce père si bon, si facile, n'était pas le gentilhomme qu'elle voyait autrefois dans le parloir du couvent. Ses manières d'opérateur forain, ses politesses de table d'hôte la blessaient cruellement. Elle avait appris la bienséance chez les Dames du Calvaire ; elle avait le goût noble et le tact de ce qui est décent.

Sa beauté lui attirait des hommages d'une vivacité brutale qui l'indignaient. Personne ne songeait à la demander en mariage. Elle fut reprise de maux d'estomac. Tous les hommes qu'elle voyait chez son père lui semblaient ennuyeux. Ils se ressemblaient tous. Empressés, inquiets, sentant la fièvre et se rongeant les ongles, c'était des gens surchauffés, qui brûlaient leurs bottes, leurs chevaux, leur vie. Enfin il en vint un qui l'intéressa.

C'était un jeune chirurgien militaire, René Longuemare. Envoyé par son père, vieil agent-voyer des Ardennes, chez M. Fellaire de Sisac, pour quelque affaire, il s'habitua à la maison de la rue Neuve-des-Petits-Champs et y devint assidu.

Bien qu'avec sa robuste charpente et sa face colorée il ne fût pas beau, et quoique sa conversation eût des rudesses et des obscurités, Hélène aimait à le voir et se plaisait à l'entendre causer. Il lui tenait, sur la religion et sur la morale, des propos à faire dresser les cheveux sur la tête, mais qui l'amusaient, sans qu'elle y comprît grand-chose.

— L'homme descend du singe, lui disait-il.

Et, comme elle se récriait, il donnait à sa thèse des développements tour à tour ardus et comiques.

Longuemare amena quelques amis, et un cercle de jeunes savants fut ainsi formé chez ce bon M. Fellaire, qui n'y fit jamais aucune attention.

L'aide-major avançait des propositions telles que celles-ci : La vertu est un produit comme le phosphore et le vitriol.

L'héroïsme et la sainteté sont l'effet d'une congestion du cerveau.

La paralysie générale fait seule les grands hommes.

Les dieux sont des adjectifs.

Les choses ont toujours existé et existeront toujours.

— Fi donc ! lui disait-elle.

Mais elle se délectait au timbre de cette voix mâle et jeune ; elle admirait, comme une force mystérieuse, cette intelligence expansive et libre, qui le soir, entre une tasse de thé et un verre de kirsch, lui jetait à elle, jeune fille, les curiosités, les magnificences et les horreurs de la nature, pêle-mêle, ainsi qu'un tribut de barbare aux pieds d'une reine surprise et flattée. Cependant on entendait dans le salon des voix mornes qui parlaient de traites impayées, de jugements du tribunal de commerce et de travaux de maçonnerie mis en adjudication.

Puis vint une ombre qui erra silencieuse entre les groupes divers, une grande ombre raide et rousse, de forme à la fois grotesque et noble. C'était l'âme en peine de M. Haviland. Hélène ne confondait pas celui-là avec les autres ; elle lui trouvait de la noblesse, une grande distinction d'âme, et elle se savait aimée de lui, bien qu'il ne lui parlât jamais.

Quant à Longuemare, en dépit de toutes ses audaces scientifiques, il était naïf ; il la respectait profondément et l'admirait en silence. Après avoir fait grand étalage de brutalité, il trouvait pour elle les paroles les plus délicates. Il était toujours gai devant elle : c'était souvent par complexion ; c'était quelquefois aussi par courage, car il l'aimait, et plutôt que de le lui dire, il se fût coupé la langue avec les dents. Il n'avait que sa solde en attendant mieux. Quant à mademoiselle Fellaire, il ne doutait pas qu'elle ne fût très riche.

Elle le raillait, feignait de le croire très étourdi et pis que cela, mais elle s'attacha lentement et profondément à lui, jusqu'au jour où il vint à Meudon lui faire un brusque adieu.

III

La maison de la Butte-des-Moulins était tombée ; le mascaron dont une joue était bleue et l'autre jaune s'était émietté sous la pioche. Elle s'était évanouie avec le reste, la petite chambre où le vieux caissier David Ewart fut arrêté pour être conduit au tribunal révolutionnaire et à la guillotine. Pendant quelque temps les nuages de poussière grise qui tournoyaient dans les rues d'alentour portèrent dans les gosiers des hommes et des chevaux les parcelles fort acres de la vieille demeure. Maintenant, ceux qui l'avaient habitée, le teinturier et le serrurier entre autres, n'auraient pu en retrouver l'emplacement exact.

Le domaine de M. Fellaire de Sisac, à Meudon, s'était considérablement accru. La grille, qui serrait jadis le chalet d'assez près, s'était élargie pour contenir le terrain voisin, sur lequel s'éleva aussitôt un petit château gothique avec tourelles, créneaux et mâchicoulis en brique. Le tout avait un nom : c'était la *Villa de Sisac.* Le plâtre en était frais encore quand un jour un écriteau pendu à la grille annonça que la maison, le chalet et les dépendances étaient à vendre ou à louer présentement.

Les saisons se succédaient et l'écriteau se balançait au vent. La pluie et le soleil l'avaient ridé et jauni.

Enfin, par des jours d'automne, un silence de désolation s'abattit sur le coteau de Meudon. Puis, à pas lourds, le fusil à l'épaule, le casque de cuir sur la tête, des soldats allemands entrèrent dans le chalet abandonné et y logèrent. Ils firent du feu dans le calorifère avec les planches cirées des parquets. Le toit fut crevé par un obus. Le grand hiver était venu. La France était envahie, Paris assiégé. Dans ce grand écroulement d'un peuple, la fortune de M. Fellaire achevait de s'abîmer.

L'arrêt des travaux d'édilité après la retraite du préfet de la Seine, sous le ministère Chevandier de Valdrôme, avait déjà porté un rude coup au cabinet d'affaires de la rue Neuve-des-Petits-Champs. M. Fellaire, que la chance abandonnait, s'abandonnait aussi. Il cessait de teindre ses favoris, mettait des redingotes poudreuses et portait des lunettes en écaille. Il allait risquer dans les tripots les louis d'aubaine qui lui tombaient encore. Depuis que sa fille ne tenait plus sa maison, il y recevait des filles rousses, peintes, qui chantaient dans les escaliers. On le rencontra un jour aux Folies-Bergère avec une femme à chaque bras. Pendant le siège de Paris, il redevint grave et fonda une société d'assurances sur la vie : le *Phénix de la garde nationale.* Mais personne n'y fit attention.

Hélène était mariée ; elle voyagea pendant quatre ans ; cette vie aisée et sans soins lui plaisait. Grande, belle, vêtue avec une magnificence sévère, elle était admirée dans les hôtels et dans les casinos, où sa nonchalance lui donnait un air d'aristocratie. Elle s'efforça d'aimer son mari. Mais avec une pleine probité et un haut sentiment de l'honneur, il était affreusement ennuyeux. Il voyait, entendait, disait et accomplissait tout avec une égale gravité. Il n'y avait pour lui ni grandes ni petites choses ; il n'y avait que des choses dignes d'être prises en considération. Après avoir donné des diamants à sa femme, il la torturait naïvement pendant deux heures pour un compte de trois francs qu'elle ne savait pas rendre. Il faisait des largesses d'une façon étroite ; la prodigalité avait chez lui un air d'avarice. Il intervenait dans tous les gaspillages de sa jeune femme, non pour les réduire, mais pour les enregistrer. Il lui permettait d'être dissipatrice, mais à la condition qu'elle accomplît toutes les formalités. Un tiers de sa vie se passait à compter les centimes avec les garçons d'hôtel. Il mettait une obstination invincible à ne pas se laisser voler d'un sou : il s'y fût volontiers ruiné.

D'ailleurs, il calculait tout : les distances à un mètre près, les longitudes, les latitudes, les altitudes, la hauteur barométrique, les degrés du thermomètre, la direction du vent, la position des nuages. À Naples, il cuba le tertre de Virgile.

Il avait la manie de ranger et ne pouvait souffrir qu'un journal restât ouvert sur un canapé. Il exaspérait Hélène en lui remettant vingt fois par jour dans les mains le livre ou la broderie qu'elle avait laissé traîner. Elle se rappelait alors son père, qui oubliait ses cigares sur les bras des fauteuils de damas. Mais cela n'était rien. La grande souffrance d'Hélène était de vivre avec un homme totalement dépourvu d'imagination. Cette faculté était si étrangère à M. Haviland qu'il était incapable de peindre un sentiment ou de donner de l'intérêt à une pensée. Depuis qu'ils étaient mariés, il n'avait jamais ouvert la bouche que pour énoncer un fait précis, direct, immédiat. Sans doute il était amoureux et goûtait profondément la possession de sa femme ; mais son amour était comme une pluie fine, une de ces pluies qu'on n'entend pas, qu'on ne voit pas, qui ne veulent pas cesser, et qui pénètrent, et qui morfondent.

M. Haviland était servi par un domestique qui avait fait deux fois avec lui le tour du monde. Ils étaient inséparables. Ce domestique, nommé Groult, était un Français que M. Haviland avait connu assez jeune à Avranches. Groult n'était pas beau ; il avait les cheveux roux, roides et flambants, et des yeux verts très inquiets ; il boitait. Mais il était d'une propreté exemplaire et remplissait ses fonctions avec une parfaite exactitude. Il était marié ; sa femme, comme lui au service de M. Haviland, restait à Paris et gardait l'hôtel nouvellement bâti sur le boulevard Latour-Maubourg.

M. Haviland s'occupait de chimie et Groult lui servait d'appariteur. M. Haviland se médicamentait quotidiennement et Groult lui tenait sa pharmacie de voyage. Ce Groult était d'une intelligence remarquable. Il manipulait les drogues avec habileté, était adroit dans toutes sortes de métiers et se montrait bon serrurier à l'occasion. Il avait d'horribles mains osseuses avec des pouces énormes, et ces mains-là venaient à bout des ouvrages les plus délicats ; mais bien qu'il fût doué d'une aptitude très singulière pour les arts mécaniques, il n'était pas parvenu à écrire d'une façon tant soit peu lisible. Il s'était fait un alphabet dans lequel il était seul à se reconnaître, et il n'y avait pas moyen de distinguer une lettre ou un chiffre dans les chiffons de papier sur lesquels il griffonnait ses comptes. Son grimoire, ses affreuses pattes, son déhanchement, l'odeur de pharmacie dont il était imprégné, les taches que les oxydes laissaient sur sa peau, le rendaient effroyable aux femmes de chambre et aux cuisinières, qui le nommaient Clochon, avaient peur de lui comme du diable, le jugeaient capable de tout et finalement ne trouvaient rien à lui reprocher. Groult était impeccable.

Hélène, à qui il inspirait une répugnance instinctive, essaya de l'écarter ; mais elle reconnut bientôt qu'il était indispensable et se résigna à le voir clochant sans cesse entre elle et son mari. Il ne parut pas lui garder rancune et ne se départit pas un seul moment envers elle de ses façons de parfait domestique.

La malveillance de madame ne l'avait pas effrayé outre mesure. Il possédait la confiance de son maître et savait que monsieur ne se séparerait pas facilement de lui. Il y avait un lien entre M. Haviland et son domestique Groult. Depuis vingt ans ils cherchaient ensemble Samuel Ewart.

M. Haviland était encore un enfant quand il entendit conter pour la première fois la mort du vieux caissier David Ewart, guillotiné en 1794. Cette sublime obstination d'un brave homme, qui attendit le supplice en tenant les livres que ses patrons lui avaient confiés, parut très louable à l'héritier des Haviland, dont l'esprit honnête et positif était fait pour comprendre un dévouement pratique. Il ne témoigna rien de ce qu'il sentait, mais plus tard, devenu maître de ses actions et de sa fortune, il fit des recherches pour savoir s'il ne restait pas quelque descendant du vieux comptable. Il apprit que Andrew Ewart, arrière-petit-fils en ligne directe de David, était négociant à Calcutta. Andrew s'était en effet marié à une Indienne et associé à un brahmane pour fonder une maison de commerce sous la raison sociale : *Andrew Ewart, Liçaliçali et C°*. M. Haviland, suivi de Groult, prit le paquebot pour aller trouver Andrew à Calcutta et lui dire : « Votre aïeul est mort au service du mien en parfait gentleman. Permettez-moi de vous serrer la main. Ne puis-je avoir l'avantage de vous servir en quelque chose ? »

Mais quand il arriva à Calcutta, en 1849, il apprit que l'association *Andrew Ewart, Liçaliçali et C°* était dissoute par suite du décès de M. Andrew, mort en juin 1848, du choléra, laissant une veuve et un fils âgé de quatre ans, nommé Samuel. Mistress Andrew, restée sans fortune, avait quitté la ville avec son petit enfant. M. Haviland ne put retrouver sa trace. Ayant appris que Liçaliçali s'était fixé à l'île Bourbon, il y alla, et trouva le brahmane donnant des leçons d'anglais aux enfants du gouverneur de la colonie. M. Liçaliçali apprit à M. Haviland que la veuve d'Andrew Ewart s'était retirée avec son enfant chez son frère, M. Johnson, ancien officier de Sa Majesté.

M. Haviland n'en put découvrir davantage ; maintenant Samuel Ewart avait vingt-sept ans ; chaque semaine, une annonce insérée dans le *Times* l'invitait à faire connaître sa résidence à M. Martin Haviland esq., à Paris, et Samuel Ewart ne donnait pas signe de vie.

M. Haviland conduisait depuis vingt-cinq ans ses recherches, sans plus d'ardeur, sans plus de lassitude un jour que l'autre. C'était sa tâche, il la reprenait chaque matin comme un menuisier reprend son rabot. Groult tenait tous les fils de l'affaire et les démêlait adroitement.

Il était particulièrement utile quand il s'agissait d'éconduire un faux Samuel Ewart, car plusieurs aventuriers s'étaient déjà présentés chez M. Haviland comme fils et héritiers du feu Andrew.

La santé de M. Haviland se troubla pendant l'automne de 1871 ; il eut des insomnies et des vertiges. Un jour (c'était au commencement de l'hiver, ils s'étaient établis à Nice, dans la villa des Oliviers), Hélène, qui lisait un roman dans le salon, vit entrer son mari et poussa un cri d'effroi :

— Vos yeux ! dit-elle. Regardez donc vos yeux, là, dans la glace !

Les yeux bleus de M. Haviland étaient devenus noirs. Il avait la bouche frémissante, l'air égaré et il murmurait :

— Il viendra, Sam, Sam Ewart.

IV

Ils venaient finir l'hiver à Paris. La cour de l'hôtel était pleine de malles, de caisses, de paquets, au milieu desquels madame Groult s'agitait désespérément ; elle portait une camisole d'indienne à petites fleurs et toute sa personne semblait procéder de cette étoffe flasque. Madame Groult, molle et agitée, ressemblait à un paquet de chiffons entraîné par une force invisible. Son visage était perpétuellement noyé dans une sorte de buée ; aussi y portait-elle sans cesse son avant-bras cotonneux. Très timorée, elle maniait les cartons sous la direction expresse de la femme de chambre et se perdait dans les ordres et les contre-ordres que celle-ci, frisée et les brides de son bonnet coquettement rejetées en arrière, lui donnait du bout des lèvres, en faisant des mines aux palefreniers.

Hélène jeta sur un fauteuil sa pelisse de voyage, que M. Haviland vint plier proprement. Impatientée, elle se mit à battre la marche turque sur la vitre. Le dôme des Invalides brillait à peine sous un ciel brumeux. Tout, alentour, était d'un gris morne. Elle s'en alla, fort maussade, dans sa chambre.

Groult annonça M. Fellaire de Sisac. L'homme d'affaires venait en grande hâte saluer son gendre et embrasser sa fille. Il était boutonné jusqu'au cou ; son chapeau, tout sillonné de cassures, ne pouvant plus être traité au fer, l'avait été à l'eau. Il l'avait littéralement arrosé pour en lisser le poil rebelle et le faire reluire une fois encore. Les talons des bottes de M. Fellaire étaient usés d'une manière si oblique et tellement déviés, qu'il était forcé de marcher comme un canard, pour y retrouver son aplomb.

M. Haviland ne lui tendit pas la main. M. Fellaire se donna beaucoup de mal pour échauffer « son cher insulaire, son très honorable gendre ». Avec sa voix métallique, on eût dit qu'il battait le briquet sur un gros caillou. Mais M. Haviland n'étincelait pas. L'agent d'affaires se disait qu'après tout ce diable d'homme était naturellement terne, et il s'obstinait à l'électriser. Comme on ne lui demandait pas où en étaient ses affaires, il s'écria :

— À propos ! Je ne vous dissimulerai pas que j'ai traversé des temps difficiles. J'ai subi ce qu'on peut appeler une crise.

Il ne pouvait guère dissimuler ces sortes de difficultés à M. Haviland, qu'il avait poursuivi pendant quatre ans de ses demandes d'argent. Il lui avait demandé, pendant le siège, par ballon, par pigeon voyageur, par insertions dans le *Daily Telegraph,* un bon sur un banquier de Paris. M. Haviland avait satisfait à la première demande, puis il n'avait pas même répondu. M. Fellaire s'était présenté rue de la Victoire, chez M. Ch. Simpson, banquier, et avait usé du nom aimé et respecté de son gendre pour emprunter une somme d'argent, recourant ainsi à un artifice qui parut à M. Haviland d'une intolérable incorrection.

Donc M. Fellaire ne dissimulait pas ses embarras. Mais il s'était relevé, disait-il ; il avait en mains une magnifique affaire.

Ayant touché ce sujet, il ajusta ses poings sur ses cuisses et respira longuement ; il prenait son attitude.

— Il s'agit, dit-il, en fixant sur la corniche un regard napoléonien, il s'agit d'une affaire dont le côté essentiellement moralisateur ne vous échappera pas. Il s'agit d'une banque ouvrière fondée sur des bases toutes nouvelles. À une époque où le développement excessif des classes laborieuses devient un embarras pour l'économiste et constitue, si j'ose dire, un danger permanent pour la société tout entière, le besoin se fait sentir d'une institution qui inspire au prolétariat le sentiment de l'épargne. Dégagés désormais des entraves que le précédent gouvernement n'aurait pas manqué de susciter à la fondation d'un établissement de ce genre, il faut agir, et…

À ce moment, M. Fellaire de Sisac vit son lamentable chapeau traîtreusement éclairé par le seul rayon de soleil qu'il y eût dans le salon et peut-être dans tout l'hôtel. Il ajouta d'un ton énergique :

— Et agir vite.

Il demanda ensuite si M. Haviland voulait prendre connaissance des statuts de la Banque ouvrière.

M. Haviland répondit :

— Non !

M. Fellaire de Sisac aurait voulu que M. Haviland se fît une idée générale de la façon dont la banque ouvrière était constituée. Il comptait que son très honorable gendre donnerait des conseils précieux. Enfin, pourquoi ne pas le dire ? L'affaire était digne de l'intérêt des plus gros capitalistes et il se faisait scrupule de ne pas appeler M. Haviland à bénéficier des avantages réservés aux premiers actionnaires de la Banque ouvrière.

Il se tut. M. Haviland sonna son domestique, qui vint en boitant.

— Groult, lui dit-il, ôtez ce cigare.

C'était un cigare de deux sous, éteint et mâchonné, que M. Fellaire de Sisac, en entrant, avait posé sur le bord de la console.

Puis M. Haviland regarda M. Fellaire en face et lui dit :

— Je ne vous donnerai pas de conseils, parce que vous ne m'écouteriez pas. Je ne vous donnerai pas d'argent, parce que vous ne me le rendriez pas. Vous n'êtes pas un gentleman, non ! Je vous prie de ne jamais revenir chez moi, non ! Vous pourrez voir madame Haviland quand il vous plaira, oui !

Et il sortit.

M. Fellaire, étourdi du coup, bouleversé, se sentant un homme fini, eut le courage d'embrasser gaiement sa fille et de lui dire des bagatelles. Elle l'accueillit avec une tendresse d'enfant. Il y avait dans le caractère de cet homme quelque chose de facile qui sympathisait avec la nature paresseuse d'Hélène, et c'était son père enfin. D'un seul coup d'œil de femme, elle vit la chemise effilée sur les bords, la redingote blanchie au collet, le chapeau, toutes les misères de la toilette paternelle. Elle soupçonna la vérité. Mais la voyant soucieuse, il sourit, le pauvre homme ! il allégua des affaires magnifiques qui l'absorbaient. Il s'accusa de se négliger en vieillissant. Il demanda si elle était heureuse. Il lui conseilla de bien aimer son mari. Puis, l'ayant embrassée avec effusion, il redescendit l'escalier d'une allure si lourde qu'il semblait vieilli de dix ans, rapetissé, l'œil morne, le menton pendant, la tête basse sous son éternel chapeau.

Hélène s'aperçut que son mari s'était brouillé avec son père. Bien qu'elle devinât les raisons de cette rupture, elle en sut mauvais gré à son mari. C'est à ce propos que commencèrent les allusions aigres, les querelles sans motif apparent, sans explication possible.

Comme elle était affectueuse par grands élans, elle jeta brusquement toutes ses tendresses perdues sur le neveu de son mari, Georges, adolescent blond et fin, très joli, boudeur et caressant. Georges Haviland, né à Avranches et élevé dans la religion catholique, au milieu de la petite colonie anglaise de cette ville, était orphelin. Son oncle, qui lui fut donné pour tuteur, le plaça comme externe au collège Stanislas. Hélène gâtait Georges avec les meilleures intentions du monde. Elle le peignait elle-même de vingt façons pour voir comment il serait le plus joli.

Elle lui faisait quitter ses devoirs le soir pour l'emmener au concert ou bien au spectacle.

Mais ses journées étaient vides ; elle s'ennuyait, elle pleurait. Elle aurait voulu vivre dans un grenier seule avec son père.

Elle s'échappait et courait en secret chez l'homme d'affaires, qui, pour le moment, était logé dans la rue de Rome, au quatrième étage d'une maison neuve dont il essuyait les plâtres. Ces courses en fiacre l'amusaient beaucoup. Elle baissait sa voilette et tremblait comme pour un rendez-vous. Le logement de son père avait l'aspect d'un logement de garçon ; les pipes traînaient parmi les papiers sur les tables ; le divan était bien fané, mais si accueillant et doux en dépit des ressorts cassés ; Hélène baisait son père sur ses grosses joues lourdes et furetait dans les coins. Quand elle découvrait quelque objet de femme, une ombrelle, une voilette, elle faisait mine de n'en rien voir, pinçait les lèvres et riait des yeux. Son père restait devant elle muet d'amour et d'admiration. Quand elle avait remué les papiers, mangé des gâteaux, bu et ri et bien tiré les favoris de son papa, elle partait avec un gros soupir. Et lui, sur le palier, rajustant sa calotte dérangée par les embrassements, lui disait à l'oreille :

— Aime bien ton mari, aime-le de tout ton cœur.

Alors elle détestait son mari. Tapie au fond du fiacre, elle se le figura devant elle, sur le dos du cocher, avec ses yeux ternes et ses joues sanguinolentes comme une viande mal cuite. Et elle faisait une grimace de dégoût. Y avait-il au fond de son âme, dans la région des anciennes images, une figure à demi effacée, mais aimable, mais chère, la figure d'un absent qui ne revenait pas ? Dans les soupirs de cette femme ennuyée, n'y en avait-il pas qui, poussés vers quelqu'un, allaient loin, bien loin, sans arriver jamais ?

Un jour qu'ayant laissé tomber sur ses genoux, comme un poids trop lourd, une broderie commencée depuis longtemps, elle regardait, avec cette attention obstinée que donne l'ennui, les imperceptibles irrégularités des glaces de la fenêtre, qui faisaient onduler les profils d'architecture vus au travers, sa femme de chambre lui présenta une carte de la part de quelqu'un qui était là et qui demandait à la voir. Ayant vu la carte, elle se leva vite, rajusta les boucles de ses cheveux, les plis de sa jupe et entra dans le salon, ranimée, embellie, avec des grâces de cygne dans le col et un coup de talon souverain dans la traîne de sa robe.

V

René Longuemare se leva devant elle. Il était plus pâle qu'autrefois. Ses joues mieux remplies et tous ses traits s'étaient adoucis ; une teinte séreuse les revêtait et ses yeux luisaient dans un demi-cercle plombé et martelé, trace des fièvres qu'il avait prises là-bas, dans les rizières. Il avait toujours son regard brave, sa grosse bouche affectueuse, sa mine ouverte.

— Vous voyez, lui dit-elle, que la terre est petite et qu'on revient de partout. Je ne suis pas surprise de vous revoir et j'en suis bien heureuse.

Ils furent mal à l'aise d'abord. Chacun avait un long espace de vie inconnu à l'autre. Ils cherchaient à se reconnaître. Soit qu'elle voulût faire son devoir de maîtresse de maison, soit qu'elle fût tentée par un secret sentiment, elle lança le premier mot cordial.

— On a quelquefois pensé à vous, dit-elle.

Alors René plongea hardiment dans leurs communs souvenirs. Il parla des tasses de thé de la rue Neuve-des-Petits-Champs, des promenades à Meudon, des robes roses et blanches griffées par les ronces, des beaux gilets de M. Fellaire, auxquels on se ralliait dans les excursions à travers bois, comme au panache du Béarnais, et des folies qu'ils se disaient. Elle lui demanda s'il mettait toujours des grenouilles dans ses poches. Au bout d'un quart d'heure, ils croyaient ne s'être jamais quittés. C'est alors qu'il conta sobrement son voyage et les fatigues monotones du service dans une station malsaine. Elle ouvrait tout grands, en l'écoutant, ses beaux yeux humides. Puis elle lui demanda ce qu'il comptait faire. Il était las, disait-il, de la médecine militaire. Il donnerait sa démission, se ferait médecin de campagne, rebouteux de village ; si quelque jeune fille, très ingénue, était tentée d'élever des poulets sous sa protection, il l'épouserait.

Elle dit vivement :

— Ah ! vous voulez vous marier ?

Mais elle reconnut à ses réponses qu'il n'y tenait pas ; qu'il avait dans le cœur un grand vague, quelque tristesse et peut-être un souvenir.

Georges, revenu du collège, vint se jeter entre eux avec ses livres de classe et se disposa, en enfant gâté, à jouir de la distraction que ce monsieur allait lui procurer. Elle ne le renvoya pas, lui dit de se tenir tranquille et de faire ses devoirs. Le major contait quelque épisode de sa traversée, tandis que l'enfant feuilletait bruyamment son dictionnaire, mâchait son porte-plume et relevait la tête quand il entendait parler d'araignées de mer mangées vivantes par un matelot sur le pont du navire.

La femme de chambre vint dire que Monsieur, qui était souffrant, priait Madame de venir près de lui.

La chambre de M. Haviland était grande et toute remplie d'objets étranges, rangés dans un ordre précis. Il y avait une vitrine pleine de flacons cachetés et étiquetés. On lisait sur les étiquettes : *Tage, Jourdain, Simoïs, Eurotas, Tibre, Ohio,* etc. Il avait recueilli une demi-bouteille de l'eau des fleuves qu'il avait traversés. Une autre vitrine contenait des échantillons de tous les marbres de la terre. Il y avait aussi une armoire qui, réservée aux souvenirs historiques, renfermait des pierres de la prison du Tasse, de la maison natale de Shakespeare, de la chaumière de Jeanne D'arc et du tombeau d'Héloïse, des feuilles du saule pleureur de Sainte-Hélène, une pièce de vers écrite par Lacenaire à la Conciergerie, un porte-montre volé aux Tuileries, en 1848, un peigne ayant appartenu à mademoiselle Rachel, et, dans un tube de verre, un cheveu de Joseph Smith, prophète des Mormons, sans compter les autres reliques. De grandes tables de bois blanc, des tables d'architecte, étaient couvertes de fioles, et la chambre exhalait une odeur pharmaceutique très caractérisée.

M. Haviland était étendu sur une chaise longue, près de son lit de fer ; une couverture de voyage lui enveloppait les jambes. Il était blême, avec des plaques rouges sur les joues. Ses yeux, devenus sombres, sortaient des orbites.

Il prit les mains de sa femme avec cette tendresse avide des êtres qui sentent que tout leur échappe. Il lui dit qu'il l'aimait, qu'il lui avait de la reconnaissance, qu'il se sentait bien malade, qu'il espérait guérir, étant fort bien soigné par sa méthode que Groult savait fort bien appliquer. Ses paroles étaient coupées de vertiges.

Il poursuivit :

— Je dois vous avertir, Hélène, que j'ai des moments d'égarement. Cela tient à mon mal. Tout ce que je ferais dans ces moments doit être considéré comme non avenu. Heureusement mes affaires sont en règle. Mon testament est chez mon notaire.

Il lui dit alors qu'il lui laissait en viager l'usufruit de sa fortune, dont le capital devait être mis, en toute justice, sur la tête de Georges Haviland. Il avait pris aussi des dispositions en faveur de son domestique Groult, mais il l'en avait informé. Il pressa de nouveau les mains de sa femme, la fixa de ce regard étrange et douloureux qu'il avait quelquefois et l'adjura d'écouter ce qu'il lui restait à dire :

— Si je viens à mourir et si vous vous souvenez de moi, cherchez, ma chère Hélène, cherchez Samuel Ewart, et exécutez en sa faveur mes dernières volontés. Au nom de Notre Seigneur Jésus-Christ, qui viendra ressusciter les morts, je vous adjure de ne rien négliger pour faire parvenir au dernier descendant de David Ewart la somme que je lui destine. Il vit ; il y a des nuits où je le vois. Je le reconnaîtrais, s'il venait. Il viendra.

Alors le malade regarda fixement une portière sombre qui pendait à grands plis, allongea son bras qui tremblait, et s'écria :

— Là, là, devant cette porte, c'est lui, c'est Sam Ewart ! Vous voyez bien cette marque qu'il porte au cou, sous sa chemise de matelot ; c'est une marque rouge, à cause de son arrière-grand-père, le vieux David... Sam ! Sam ! Oh ! mon Dieu !

Il retomba sur sa chaise longue et s'assoupit lourdement. Hélène ne savait que faire et se perdait dans les fioles. Elle sonna Groult, qui l'écarta assez rudement et s'empara du malade.

La nuit, comme elle ne dormait pas, elle vit au clair de lune son mari descendre, enveloppé d'un tartan, par la fenêtre de sa chambre, et marcher droit vers un puits qui était près de l'écurie.

La face collée à la vitre, elle sentit une vive douleur à la racine de ses cheveux ; elle ne put ni bouger ni pousser un cri. Elle vit Groult sortir à demi vêtu du pavillon où il couchait et suivre à pas de loup son maître. Elle vit celui-ci regarder longtemps au fond du puits, lever la tête, étendre la main comme pour chercher de quel côté venait le vent, puis rentrer par la fenêtre dans sa chambre. Elle vit Groult hausser les épaules et regagner le pavillon avec un déhanchement maussade et des gestes de dépit.

Madame Groult avait apparu un moment sous un bonnet à bavolet immense, et dans son éternelle cotonnade, à la porte du pavillon de garde. Hélène crut entendre que Groult, rentré dans sa chambre, la battait.

M. Haviland était devenu somnambule. Le lendemain, elle le trouva tout habillé, paisible, occupé silencieusement à étiqueter les petites pierres qu'il avait arrachées à des monuments fameux. Il écrivait sur des papiers gommés les mots de *Colysée, Catacombes, Tombeau de Cécilia Métella*. Ses yeux, redevenus d'un bleu terne, n'exprimaient rien.

Hélène n'était pas rassurée. Elle voulut rester près de lui. Elle se promettait de le veiller elle-même et de faire venir des médecins, bien qu'il l'eût formellement défendu.

Groult entra dans la chambre avec une bouteille et un verre. Il versa du sirop dans le verre et le tendit à son maître en regardant fixement Hélène. Il la regardait avec une familiarité cynique, avec une effronterie audacieuse qui la fit rougir. M. Haviland, peu de temps après avoir bu, fut repris de vertiges et de stupeur. Sa pupille se dilata de nouveau extraordinairement.

À compter de ce jour, Hélène fut tourmentée d'une inquiétude vague. Un soir, vers cinq heures, elle remarqua sur le tapis de sa chambre des traces de souliers ferrés. Les pas ainsi révélés traversaient obliquement toute la chambre et se dirigeaient de la porte extérieure à celle du cabinet de toilette. Les traces, extrêmement faibles, n'apparaissaient qu'à cause des rayons obliques du soleil, qui, rasant en ce moment le tapis, rendaient visibles les plus légères foulures de la laine et les grains de poussière blonde sur les tons riches et fondus du tissu de Smyrne.

Effrayée, elle fit visiter le cabinet de toilette par sa femme de chambre, qui y trouva tout en ordre. Elle chercha quelque temps dans son esprit à s'expliquer ces traces de pas ; elle ne put y parvenir, et, fatiguée de s'inquiéter, elle rentra dans son indifférence.

Quand René Longuemare revint, Hélène, qui l'attendait, était coiffée de la façon qu'il aimait le mieux. Elle fut faible devant lui, lui avoua les misères de sa vie, les ennuis de son mariage. Elle sentait qu'elle l'aimait. Elle aurait voulu tomber dans cette poitrine large et chaude, y pleurer, y tout oublier. René restait très calme près d'elle. Plus elle se confiait à lui, plus il se croyait engagé à ne pas abuser de cette confiance. Il l'aimait respectueusement ; elle était la poésie de sa vie de garçon, où d'ailleurs la prose ne manquait pas. Il avait repris à Paris ses vieilles habitudes et il soupait tous les soirs au sortir de quelque petit théâtre. Il y avait dans son âme une haute et large place pour une créature idéale, et à cette place, il avait mis Hélène. Elle, de son côté, bien lasse, bien faible, abaissée à ses propres yeux par un mariage sans amour, mais réservée par bon ton et décente par goût, retenait devant lui ce qu'il y avait de trop voluptueux et de trop abandonné en elle. D'ailleurs, exempte encore de toute faute, il lui eût semblé monstrueusement impossible d'en commettre une.

Elle lui parla de la maladie de son mari. René hocha la tête : il ne savait que dire. Mais il était probable que M. Haviland se médicamentait mal. L'aide-major ne diagnostiquait pas, d'après les symptômes qu'on lui décrivait, une affection caractérisée, suivant sa marche naturelle. Il pressentait l'action intermittente d'un agent nuisible, d'un toxique. La dilatation de la pupille était vraisemblablement due, selon lui, à un emploi inconsidéré de la belladone ou de l'atropine. M. Haviland avait dû recourir, pour combattre ses rhumatismes, au sulfate chlorhydrate d'atropine ; maintenant, selon toute apparence, il abusait de ce médicament de la façon la plus désastreuse. Sur le conseil pressant de René, elle résolut de nouveau d'appeler des médecins et de garder elle-même le malade.

Le lendemain, elle le trouva dans un grenier qui lui servait d'atelier. Il rabotait une planche avec beaucoup d'attention, car il était menuisier aussi bien que chimiste. En le voyant si calme, si reposé, elle crut avoir rêvé. Il parla du cuisinier, qui était un voleur et qu'il avait chassé : c'était Groult qui avait découvert la fraude. Il posait de temps en temps son rabot sur l'établi et venait ôter délicatement les copeaux que sa femme avait pris dans la guipure de son peignoir. Il avait ses yeux naturels, ses yeux clairs, et jamais il n'avait autant manqué d'imagination.

Elle songeait à René, si vif, si intelligent, d'un esprit plein d'intérêt, comme un livre bien fait, d'une âme éclatante de jeunesse et de force, et son cœur se gonflait de haine en regardant ce vieillard qui rabotait. Groult vint à l'heure ordinaire apporter le sirop à son maître. Quand il vit Hélène dans ce grenier où elle n'avait jamais mis les pieds, il roula des yeux de chat furieux.

Puis, comme l'autre fois, tandis que M. Haviland buvait son sirop, il la regarda avec impudence en grommelant entre ses lèvres tordues. En ce moment précis, il était si laid et montrait un tel cynisme, que sur-le-champ, d'un coup, elle sut clairement, certainement, à n'en pas douter, ce qu'il faisait là.

Elle tendit les bras en avant pour faire tomber le verre des lèvres du vieillard. Alors Groult lui glissa à l'oreille, avec un accent ignoble et dominateur, ces mots :

— Ne faites pas l'enfant !

Elle resta raide, inerte, toute blanche. M. Haviland avait fini de boire et s'essuya les lèvres.

La malheureuse s'enfuit dans l'escalier, accablée, étourdie, croyant à chaque pas s'effondrer sous terre, épouvantée de son incommensurable lâcheté.

Elle n'osa plus reparaître devant son mari : mais elle apprit le soir même, par sa femme de chambre, qu'il avait eu un délire violent et que maintenant il reposait. Elle l'avait cru mort ; elle poussa un soupir de soulagement.

Elle se dit : « Il vit ; il est temps encore de parler, d'agir. Je ne serai pas la complice d'un… »

Dans la détente de ses nerfs, elle s'assoupit et, toute tiède et molle de sommeil, elle songea à René, qu'elle revit avec tous les charmes du rêve, avec toutes les magies d'un absent aimé ; puis ses visions devinrent confuses et pénibles. Elle avait la tête en feu, elle frissonnait, ses dents claquaient. Elle éprouva à se mettre au lit une sensation qui ressemblait à de la joie, puis elle ne sut plus ce qu'elle était devenue. Elle voyait des figures terribles qui passaient et qu'elle n'avait pas le temps de reconnaître. Où donc était-elle ? Et que lui voulait cette foule d'étrangers vêtus de toutes sortes de costumes de théâtre ? Quelque chose de chaud qu'elle écartait sans cesse avec horreur lui pesait sur la poitrine à l'étouffer. C'était un chat rouge avec des yeux qui changeaient de couleur. Elle écartait les coudes et pliait les genoux. Une religieuse venait rajuster des couvertures sur elle ; mais pourquoi cela ? Et puis, ils étaient là, deux ou trois, qui l'empêchaient de sortir. Elle avait pourtant quelque chose de bien grave à faire, quelque chose qu'on ne pouvait différer d'une minute ; mais elle ne savait plus quoi. Elle criait : « Oh ! ma tête ! ma pauvre tête ! » Elle souffrait tant du cerveau qu'elle cherchait partout un mur, un mur de fer pour se fendre le crâne et être ainsi soulagée. Oh ! vite ! se faire une fente bien large pour tirer toute l'eau qui bouillait là. Une voix inconnue disait : « De la glace ! encore de la glace ! » Mais elle ne voyait pas de glace, perdue comme elle était sur une grève de sable brûlant, au bord d'une mer de plomb fondu. Elle criait : « René ! René ! emmenez-moi dans les bois de Meudon ! Avez-vous publié le temps où vous me faisiez des bouquets d'aubépine ? » Puis elle tombait assoupie, et, à son réveil, devenue une enfant, elle récitait, d'une voix monotone de pensionnaire, des lambeaux de fables et de catéchisme. Elle murmurait : « Je ne peux pas apprendre mes leçons. Madame, j'ai mal à la tête. Menez-moi à la maison. Je veux revoir papa. »

Un jour, elle se retrouva dans son lit, bien faible, ayant très faim. Elle apprit, de la religieuse qui la gardait, qu'elle avait fait une grave maladie de trois semaines et qu'elle était sauvée. Après un grand effort pour rassembler ses souvenirs, elle demanda :

— Et mon mari ?

La religieuse lui dit de ne point s'inquiéter, qu'il allait bien.

Hélène respira. Entrée en convalescence, elle eut ces fatigues de tête et ces obstructions de la mémoire qui suivent ordinairement la fièvre cérébrale. Il n'y avait qu'un sentiment bien net en elle : la peur de revoir son mari. Elle eut des palpitations de cœur quand on lui annonça que M. Haviland, convalescent lui-même, venait la voir dans sa chambre.

Il la regarda affectueusement, lui dit combien il l'aimait, et pour la première fois, elle vit un sourire sur ce visage grave. C'était un sourire intérieur, si profond, si vrai, qu'elle en fut remuée et attendrie. Elle se mit à pleurer et à faire au vieillard une caresse filiale.

Elle lui passait les bras autour du cou, mais il avait repris sa roideur habituelle.

Elle fit un grand effort et, à travers le brouillard de son intelligence, elle retrouva les deux potions versées par Groult. Alors elle prit les mains de son mari et lui dit d'un ton suppliant :

— Si vous m'aimez, si vous voulez nous éviter à l'un et à l'autre une mort horrible, je vous conjure de renvoyer votre valet de chambre aujourd'hui, tout de suite. Ce qu'il a fait… c'est épouvantable… je ne peux pas le dire… Chassez-le ! chassez-le !

Elle se roidit dans des sanglots convulsifs et s'évanouit. M. Haviland, se rappelant qu'Hélène avait autrefois témoigné de l'aversion pour le valet de chambre, et la voyant si faible et si troublée, pensa qu'elle parlait sans raison ; mais, jugeant nécessaire de lui sacrifier son domestique, il le fit appeler dans le laboratoire et lui dit :

— Groult, il faut nous séparer. Je suis content de vous et j'aurais voulu vous garder auprès de moi jusqu'à ma mort, oui. Mais votre présence dans cette maison est devenue impossible pour des raisons que je n'ai pas à vous soumettre, non ! Je ne changerai rien aux dispositions que j'ai prises en votre faveur. Je vous le dis et vous pouvez me croire. Vous quitterez l'hôtel vendredi. Je me charge de votre entretien jusqu'à ce que vous soyez pourvu. Votre femme me sera agréable en restant à mon service, et je tiens à me tenir en communication directe avec vous pour tout ce qui concerne Samuel Ewart. Je n'ai plus rien à vous dire.

Groult ne répondit pas, s'inclina et sortit.

VI

Groult avait été ainsi congédié un vendredi. Le lendemain, M. Haviland se sentit mieux portant qu'il ne l'avait été depuis plusieurs mois. Il fit ce jour-là une promenade au bois de Boulogne avec Hélène, qui se rétablissait.

Les légères secousses de la voiture et les caresses de l'air donnaient aux deux convalescents une agréable fatigue. Hélène avait tous les renoncements de la lassitude. Elle acceptait en ce moment-là, de tout son cœur amorti, le mari fade et le sort monotone qui lui étaient dévolus. La faiblesse donne de ces douceurs. Par un égoïsme de malade, elle devenait affectueuse pour l'homme qui était à son côté dans la calèche, les genoux sous la même fourrure qui la réchauffait. Elle regardait d'un œil frileux les arbres, les réverbères, les piétons que la voiture faisait filer derrière elle, et les maisons de l'avenue des Champs-Élysées avec leurs ateliers de carrosserie et les allées sablées où s'enfonçaient, sous la voûte, dans l'ombre, des chevaux tenus en bride par des palefreniers aux jambes arquées ; puis l'Arc de Triomphe, dressé sur son rond-point avec une emphase pesante ; puis, à gauche, l'avenue qui mène au Bois, bordée d'une double bande de parcs anglais ; elle voyait, à droite, les cavaliers dans l'allée sablée ; un soleil de printemps baignait l'étendue. Déjà les arroseurs traînaient leurs tuyaux à roulettes et poussaient des jets d'eau contre les jambes des chevaux qui hésitaient. Parfois le vent et l'ombre d'une victoria vivement lancée lui passaient sur le visage. C'était une fille à cheveux roux, blafarde et les lèvres peintes, qui, les coudes au côté, tenait les guides et brûlait l'avenue, tandis qu'un groom, assis derrière elle sur le siège, se croisait les bras. Puis la fraîcheur du Bois enveloppa la calèche ralentie. Les voitures, égayées par de vives toilettes et de clairs visages, allaient à la file, au pas. Des saluts s'échangeaient d'une voiture à l'autre, et des cavaliers s'approchaient, en souriant, des femmes épanouies sous le fond sombre des capotes abaissées. Une noce d'ouvriers défilait, à pied, par couples, dans la contre-allée.

Hélène trouvait à son mari une roideur correcte qui ne lui déplaisait pas. Elle lui savait gré de son bon ton et de son flegme. Le silence de cet homme, le calme de sa face, la simplicité de ses idées la contentaient alors, comme autant de ménagements délicats donnés à une convalescente. Elle l'estimait précieux depuis qu'elle l'avait sauvé. D'ailleurs, ayant peur de penser, elle goûtait les délices d'une fatigue modérée et d'une faiblesse qui diminuait. Elle se pelotonnait avec la volupté d'une chatte frileuse.

Ils descendirent près de la cascade et entrèrent dans le chalet d'un cafetier pour y boire un verre de lait.

À sa droite et à sa gauche, les tables étaient occupées par des vieillards qui chuchotaient, et des frissons d'étoffes se mêlaient aux faibles sifflements des langues féminines. Devant elle, trois jeunes gens discutaient avec des éclats de voix. Elle ne connaissait pas ceux qui lui faisaient face, mais elle reconnut, à une seule ligne de l'épaule, celui qui lui tournait le dos et qu'un garçon de café lui cachait presque tout entier. Elle sentit une contraction douloureuse de l'estomac, un étouffement à la gorge, une brûlure de sang aux joues, une angoisse indicible, en même temps qu'une affluence de délices trop fortes l'envahissait. Longuemare, qui lui donnait ce trouble, fort éloigné de se croire si près d'elle, continuait la conversation tumultueusement commencée, et poussait, selon sa coutume, quelque idée à toute outrance.

— Le seul praticien que j'admire, disait-il à ses camarades (qui comme lui semblaient avoir fait un bon déjeuner), le seul, c'est Pinel. Il ne donnait jamais aucun médicament à ses clients, de peur de troubler ou d'arrêter le cours normal de la maladie. Satisfait quand il avait pu décrire et classer une lésion, il s'abstenait prudemment de la guérir. Devant les magnifiques progrès d'une plaie active, il restait attentif, respectueux, immobile. Quel médecin que Pinel !

La voix de René se perdit dans un bruit de rires ; les interruptions jaillirent et les trois amis parlèrent ensemble. Hélène avait la gorge sèche ; ses tempes bourdonnaient, ses yeux ne voyaient plus, la sueur perlait sur son front. Son mari, la voyant si pâle, lui demanda si elle était fatiguée et si elle voulait rentrer. Elle le regarda et le trouva odieux. Il avait la face couperosée avec des filaments violets et des pellicules blanches sur les joues. Il roulait des yeux ternes et vides. Maintenant elle lui en voulait presque de sa santé rétablie.

Quand ils se levèrent, Longuemare la vit. Le regard qu'ils échangèrent fut tel qu'il semblait les tirer violemment l'un vers l'autre.

Le lendemain, le vieillard ne put quitter sa chambre ; les symptômes de son affection intermittente reparurent et prirent au bout de quelques jours un caractère alarmant. Le vendredi matin, Hélène fit appeler un médecin. Ce jour-là le malade avait un aspect effrayant. Les conjonctives étaient injectées de vaisseaux bleuâtres et les yeux sortaient de leurs orbites, comme à demi arrachés. Le délire était furieux. Le docteur Hersent survenu au milieu de l'accès, prescrivit une médication antispasmodique et sédative qui ne produisit aucun effet sensible. Diagnostiquant une lésion indéterminée, mais profonde, des centres nerveux, et craignant qu'une terminaison fâcheuse ne suivît de peu sa venue, il déclara que le cas était grave et demanda une consultation pour le soir.

En ce moment, Groult, ayant fait faire son paquet par sa femme, prenait un fiacre et quittait l'hôtel, conformément à l'ordre qui lui avait été donné.

Hélène restait près du malade. Terrassée par une épouvante sans nom, elle n'osait le regarder ; puis, tout à coup, saisie d'une horrible curiosité, elle l'examinait de tous ses yeux et voulait voir, voir encore, jusqu'à en mourir. Le malheureux luttait contre deux valets qui le retenaient à grands efforts sous les couvertures. Il réclamait sa femme et Samuel Ewart. Sa voix, dont toutes les cordes étaient altérées, semblait nouvelle, et d'autant plus épouvantable. Il soupirait le nom d'Hélène avec une douceur plaintive, et aussitôt poussait des glapissements aigus et des ricanements sinistres, et le contraste était si brusque qu'on ne pouvait concevoir de telles alternatives de tendresse triste et d'ironie furieuse, même dans un cerveau déjà décomposé. Et l'horreur d'une telle scène se décuplait en passant par l'imagination blessée d'Hélène. Elle sentait comme des fils de métal rougis au feu lui courir de la nuque au talon ; une cuirasse ardente lui cernait le ventre et les flancs.

Et elle écoutait la voix de son mari avec une attention lucide. Sa torture augmentait de n'y pouvoir découvrir même le sens le plus vague. En cet instant, si elle avait entendu cet homme la dénoncer clairement de la langue et du doigt et la maudire, en vérité elle se serait sentie soulagée.

À dix heures du soir, les docteurs Hersent, Guérard et Baldec se réunirent autour du malade qui, pris devant eux d'un tremblement de tous ses membres, s'assoupit.

Il avait l'air de dormir. Et un nouveau supplice, le plus affreux de tous, commença pour Hélène. Elle se sentit reprise d'amitié et de respect pour cet homme loyal qui l'avait aimée. Elle se sentait des larmes pour lui, et ces larmes lui faisaient horreur comme une infâme hypocrisie, car n'était-ce pas elle qui… ?

Le souffle du malade se précipita et devint si pénible que ceux qui l'entendaient, à l'exception des médecins, se sentaient eux-mêmes oppressés. Ses mains osseuses, étendues sur la couverture, la grattaient d'un geste frileux et maladroit. Le docteur Hersent lui prit le poignet gauche. Il constata l'affaiblissement du pouls et le refroidissement des extrémités. Le nez se déprimait. Les yeux se cavaient. Il les roula autour de lui comme pour tout revoir et tout reconnaître une fois encore, puis il inclina la tête en arrière, poussa trois soupirs et rentra dans le repos. Un geste du docteur Hersent annonça que tout était fini.

Hélène, qui s'était tenue debout et droite dans la solennité de cette agonie, entendant qu'il était mort, sentit le sol s'ouvrir sous elle et ressentit une délicieuse impression d'anéantissement. Avec quelle volupté elle sentit pendant une seconde qu'elle s'évanouissait tout entière ! Oh ! qu'il lui était doux de n'être plus ! Elle tomba.

Les docteurs Guérard et Baldec rencontrèrent dans l'antichambre un monsieur court, à gros favoris et à lunettes d'écaille, qui leur prit la main dans les siennes et leur dit d'un accent pénétré :

— Messieurs, vos efforts ont été impuissants ; l'art des hommes, si étendu qu'il soit, a des limites. Les princes de la science ne commandent pas toujours à la nature. Je suis de ceux qui honorent le courage malheureux. Je vous le déclare, M. Fellaire de Sisac n'oubliera jamais les soins éclairés que vous avez prodigués à son honorable et sympathique gendre.

Puis M. Fellaire se dirigea d'un pas grave et lent vers l'office, où il se fit servir une légère collation.

Madame Groult, inondée de sueur et de larmes, poussait des gloussements dans sa loge.

Le docteur Hersent se fit conduire chez madame Haviland dont l'état exigeait quelques soins. Quand elle vit entrer dans sa chambre ce grand homme noir qu'elle ne reconnaissait pas, la peur détermina en elle un accès de délire. Elle étendit les bras en s'écriant :

— Ce n'est pas moi ! Je vous jure que ce n'est pas moi !

VII

M. Fellaire montra beaucoup d'activité après la mort de son gendre.

On le vit en habit noir conduire le deuil avec le neveu du défunt. Le cortège suivait lentement les boulevards extérieurs pour se rendre au cimetière Montparnasse où M. Haviland, adoptant la patrie de sa femme, avait acheté pour elle et pour lui une concession à perpétuité. M. Fellaire, peu accoutumé à se lever matin, avait le visage pâle et bouffi d'insomnie. Ses yeux rougis et ses paupières turgides sous les lunettes d'écaille achevaient de donner à sa physionomie une expression opportune de fatigue et de mélancolie. Grâce à l'embonpoint de son corps albumineux, il avait du poids et marchait gravement. Ayant conscience de cet avantage, il ne perdait rien de son volume ni de sa masse et restait considérable. Par un étrange retour de la fortune, son chapeau, bien différent de celui qu'il avait posé jadis sur le guéridon du salon, dans l'hôtel Haviland, était vierge et lustré, avec une coiffe d'une blancheur immaculée. Il était sur son bras comme un mortier sur son affût et semblait pointé contre le corbillard. Les bottes de M. Fellaire ne craquaient pas avec force comme de coutume ; il en sortait à chaque pas une sorte de soupir, comme si deux Génies funéraires y eussent été cachés. Devant l'édicule gothique sous lequel des ouvriers descendaient le cercueil en retenant à demi un : « Oh ! hé ! » et en crachant dans leurs paumes brûlées par le frottement des cordes, M. Fellaire resta immobile en regardant le ciel par-dessus ses lunettes avec une expression spiritualiste. On comprenait, à le voir ainsi, que sa pensée ne s'arrêtait pas devant les portes de bronze du tombeau, mais qu'elle s'élevait dans les régions éthérées sur les ailes de la philosophie la plus distinguée. Il planait ainsi dans les domaines de l'idéalisme et semblait lui-même affranchi de l'existence, quand une petite toux lui rappela qu'il vivait et qu'il avait la poitrine grasse. Derrière lui, le dominant de toute la tête, quelques Anglais à poil blond et à grande forme se tenaient droits dans leurs habits bien coupés. Deux hommes d'affaires, commensaux de la brasserie de Colmar et partenaires habituels de M. Fellaire au billard et aux dominos, chuchotaient à part. Le groupe des gens de maison, tassé dans une contre-allée, au flanc de l'édicule, découpait dans la lumière crue les favoris des valets de chambre, les bonnets à rubans des cuisinières, accusait des rondeurs de coudes et des silhouettes de pantalons noirs trop longs retombant à grand plis sur les bottes.

Après l'inhumation, M. Fellaire reçut les compliments de condoléance des assistants dans l'attitude d'un homme courageux, mais accablé. Il remercia les personnes qui avaient bien voulu s'associer à lui pour rendre les derniers devoirs au défunt. Il feignait de revoir avec satisfaction chacune des personnes présentes, bien qu'il n'en connût pas une seule. Il pressait la main à chacune avec une énergie qui voulait évidemment dire : « Merci ! merci ! J'aurai du courage. Je saurai me contenir. » Quand ce fut le tour de ses deux vieux camarades de café, il ne tendit au contraire que le bout des doigts, et, fronçant les sourcils, il exprima soudain une tristesse sauvage et répulsive. Il craignait qu'ils lui missent la main sur l'épaule en l'appelant « ma pauvre vieille ».

Il renouvela plusieurs fois ses remerciements collectifs et il les adressa finalement à un groupe de personnes qui venaient d'enterrer un juge de paix et qui ne surent jamais ce que leur voulait ce monsieur en habit noir.

Comme il lui était impossible d'établir une ligne de démarcation entre les amis de son gendre et le reste des hommes, il eût fait les honneurs de tous les enterrements de la journée, si les divers cortèges se fussent écoulés devant lui sans interruption.

À compter de ce jour, il ne quitta plus ni son habit noir, ni sa mine stoïque et morne. Il venait tous les jours à l'hôtel Haviland, y déjeunait et y dînait. Après le dîner, il mettait la main sur la tête de Georges et s'écriait avec une espèce de sanglot :

— Cet enfant-là m'intéresse !

À la brasserie de Colmar, où il faisait tous les soirs sa partie de billard, il s'écriait :

— Ce n'est pas seulement un gendre que j'ai perdu : c'est un fils et un gentleman !

Julie, la femme de chambre de madame Haviland, avait entendu le cri étrange poussé par sa maîtresse à l'apparition du médecin, car le lendemain on en parlait mystérieusement chez l'épicier et chez le boucher. La nouvelle que l'Anglais du boulevard Latour-Maubourg avait été empoisonné et que sa femme était complice du crime, fut répandue et gagna en peu de jours les quartiers voisins. Le docteur Hersent, qui demeurait dans la rue Saint-Dominique, fut très surpris d'entendre dès le lundi suivant sa femme lui parler de ce bruit de crime comme d'un bruit public. Hersent, que l'habitude des sciences et la pratique de la médecine avaient habitué à beaucoup de méthode dans de telles recherches, n'admettait pas qu'en l'état des choses on pût soupçonner madame Haviland. Il répondit à sa femme qu'il ne fallait pas, en médecine légale, ramasser les propos des commères. Toutefois, l'affection, à laquelle M. Haviland avait succombé, n'était pas, selon lui, assez caractérisée par le procès-verbal qu'il avait signé avec les médecins consultants. Il n'était pas sans se reprocher en lui-même quelque légèreté à cet égard. Se sentant coupable de négligence, il souhaitait que l'affaire n'eût pas de suites, et il comptait qu'elle n'en aurait pas.

VIII

Longuemare, retenu à son hôpital par la visite du matin, qui, à cause d'une épidémie typhique, avait duré plus longtemps qu'à l'ordinaire, n'arriva au cimetière Montparnasse qu'après l'inhumation de M. Haviland. Tout ce qu'il put voir de la cérémonie fut le profil énergique et sombre de M. Fellaire, emporté hors du cimetière par deux chevaux noirs dans une voiture mise à son service par l'administration des pompes funèbres. Rebroussant chemin à cette vue, il passait entre les urnes et les sabliers sculptés sur les piliers de la grille d'entrée, quand il fut arrêté par un petit homme vif qui le traita de revenant, de spectre et de fantôme avec beaucoup de gaieté et qui entonna d'une belle voix grave l'air de *Robert* : « Nonnes, qui reposez... » C'était son ancien camarade de classes, Bouteiller, qui, célèbre au lycée par son inaptitude aux sciences comme aux lettres, était devenu reporter dans un grand journal. Il venait d'entendre approximativement trois discours prononcés sur la tombe d'un membre de l'Institut. S'attachant au bras de Longuemare :

— Mon bon, lui dit-il, tu dînes avec moi, ce soir, chez Bréval.

Pendant le dîner, Longuemare, profondément agité, mais cachant, selon son habitude, son émotion sous des formes plaisantes, traita plusieurs questions relatives à l'amour et aux femmes, avec des développements scientifiques relevés de calembours transcendants. Ils dînaient au champagne frappé. Bouteiller ne dînait pas autrement. Le champagne était une nécessité professionnelle qu'il subissait. Au reste, il était fort occupé ; il passait en chemin de fer des heures de sa vie qui eussent été plus belles sans cela. Il inaugurait des statues dans toutes les villes de France, suivait le président de la république dans les départements inondés, assistait aux mariages aristocratiques, entendait des conférences sur le phylloxéra, voyait tout et était le moins curieux des hommes. Il n'y avait qu'un lieu dans le monde qui l'intéressât, c'était Chatou, où il avait une maisonnette et une barque. Il ne se souciait que de sa barque et de sa maisonnette, et il devait s'occuper du monde entier. Une usine ne pouvait brûler sans lui. Longuemare en vint naturellement à parler de M. Haviland, de ses habitudes singulières, de sa mort, et, en thèse générale, de l'empoisonnement par la belladone. Pendant ce temps, Bouteiller décrivait sa barque ; ils s'entendaient à merveille.

Vers dix heures, Bouteiller dit :

— Mon bon, je cours au journal ; attends-moi une seconde au café de Suède. J'y ai un rendez-vous.

À onze heures, ils fumaient tous deux devant une table de zinc, dans le bruit et la lumière du boulevard.

Bouteiller disait :

— Vois-tu, mon bon, un aviron un peu court qu'on sent bien dans la main, et surtout bien tranchant du bout et qui coupe l'eau comme un couteau…

Un jeune faubourien en blouse et en casquette s'arrêta devant eux et dit à Bouteiller :

— Ça n'est pas pour cette nuit.

Bouteiller lui donna quarante sous et le renvoya. Il n'avait pas l'air satisfait.

— Un *écho* que j'avais fait d'avance et qui restera sur le marbre !

Puis, pour éclaircir la chose à son ami, il ajouta :

— Ce jeune voyou que tu as vu sait comment les choses se pratiquent à la Roquette. Il vient de me dire que l'assassin de la rue du Château-des-Rentiers ne sera pas exécuté cette nuit. À propos, toi qui es médecin, dis-moi donc un peu si on souffre encore après qu'on a eu le cou coupé.

— Rien de plus facile que de te renseigner là-dessus, répondit Longuemare.

Et il commença à donner des explications.

— La vie étant une quantité, comme l'a dit Buffon, elle est susceptible d'augmentation ou de diminution. Le « nœud vital » de Flourens est une ânerie. Suis-moi bien… Si je puis dire avec Bichat que la vie est l'ensemble des forces qui résistent à la mort, je dois ajouter que ces forces résistent plus ou moins longtemps à la dissociation finale. La décollation produit une violente syncope et abolit la sensibilité dans des circonstances qu'on peut considérer comme définitives. Mais la vie musculaire persiste. Il ne faut pas confondre...

Bouteiller, désespéré, l'arrêta :

— Non ! non ! J'aime mieux t'avertir tout de suite. Ton explication serait trop longue et je n'y comprends absolument rien. D'ailleurs la science m'a toujours paru terriblement obscure. Il y a des questions, comme celle de l'immortalité de l'âme, par exemple, et celle de l'existence de Dieu, qui sont si ardues !... Heureusement que Dieu n'est pas une actualité... À propos, comment nommes-tu l'Anglais que tu as enterré aujourd'hui ? Il y a un écho, parbleu, dans ce que tu m'as conté, à la condition de broder un peu. Tu disais donc ?...

IX

Groult, ayant ordonné rudement à sa femme de lui faire son sac, partit pour Avranches, où il avait, disait-il, des affaires à régler. Et, dans le fait, il venait d'hériter d'un petit champ dans un endroit voisin. Il descendit dans une auberge du faubourg, à l'enseigne du Cheval-Rouge. On le vit, en compagnie de fermiers et d'éleveurs, verser à la mode du pays des carafons entiers d'eau-de-vie dans sa tasse de café. Il était plus gai, plus ouvert que d'habitude, parlait volontiers, acceptait des politesses et offrait des tournées.

Le mercredi, il prit le train qui le mit à Granville à la tombée du jour, par un affreux temps. Un grain passait, comme disent les marins. Il pleuvait, un vent furieux fouettait les lanternes et gémissait dans les allées. Il se dirigea vers la vieille ville et prit une rue étroite, tortueuse, montante, pleine d'une odeur de marée. Son pied gauche faisait, pour suivre l'autre, le mouvement d'une faux dans les blés, et tout son corps se balançait à chaque pas. Il avançait très vite dans l'ombre, faisait jaillir sous ses pieds l'eau des flaques, grognait et jurait. Il entra sans hésiter dans une misérable boutique d'épicier ornée de deux bocaux de sucreries derrière les petites vitres verdâtres de la devanture, et meublée d'un lit à courtines de cotonnade rouge enfoncé sous l'escalier de bois. La terre battue qui formait le sol était détrempée par endroits et portait des empreintes de semelles ferrées. Il ne vit personne, et, sans s'attarder à attendre l'épicier, il traversa la boutique, qui était la seule entrée de toute la maison.

Il monta l'escalier et frappa à la porte du second étage, à l'endroit où la rampe s'arrêtait. Un petit vieillard, éclairé sous le menton par sa chandelle, examina le visiteur à travers la porte entrebâillée et le fit entrer dans une chambre encombrée de liasses de papiers déchirés, de registres écornés, de cartons bâillants et crevés, qui laissaient échapper des marges de feuilles marquées de vieux timbres, tout cela pressé, amoncelé et lourd. Sans doute des souris couraient derrière ces tas de papiers et de parchemins, car on entendait des craquements et des froissements tout proches au milieu du bruit lointain et continu du vent dans les cheminées et de la pluie sur les lamelles de pierre de la toiture.

Une couchette maigre et débraillée laissait apercevoir, dans un coin d'ombre, sous des loques pendues, les misères de sa nudité. La poussière revêtait tous les objets d'une teinte uniforme. Et le visage même du locataire semblait enduit de cette couche grise. Il n'avait plus de dents et sa langue était sans cesse occupée à se mouvoir contre ses lèvres molles. Quant à ses prunelles d'un vert pâle, elles faisaient songer, par leur agilité, à ces souris qu'on entendait grignoter dans le mur.

— Eh bien, lui dit Groult en s'asseyant, vous vouliez me parler ? Me voilà. Qu'y a-t-il de nouveau ?

L'autre passa doucement sa langue sur ses gencives et dit avec un accent nasillard et traînant :

— Je suis bien heureux de vous voir, mon bon monsieur Groult. Il y a du nouveau si l'on veut et il n'y en a pas si l'on veut : c'est comme on l'entendra.

Il caressait avec douceur, en parlant, son collier de barbe grise et semblait compter ses mots sur ses poils.

Groult l'interrompit par un grognement d'impatience.

— Eh ! mon Dieu ! dit l'autre, comme vous êtes pressé. Aussi vrai que je me nomme Tancrède Reuline et que vous vous nommez Désiré Groult, je suis disposé à vous instruire de tout ce qui peut vous intéresser. Le père Reuline est connu sur toute la côte depuis la pointe de Carolles jusqu'aux pêcheries de Bréhal. Les grands comme les petits s'adressent à moi. Je fais les affaires de tous ces messieurs. Pas plus tard qu'hier, j'ai recouvré une créance pour le compte de M. de Tancarville. Ah ! mon bon monsieur, c'était une créance quasiment perdue. M. de Tancarville m'a dit, ce sont ses propres paroles : « Reuline, je voulais allumer ma pipe avec. » Tenez, la semaine passée, madame la baronne Dubosq-Marienville...

Groult l'interrompit en frappant un coup de poing sur la table. Reuline remua un moment les lèvres sans parler ; puis il reprit de sa voix traînante et nasillarde :

— Venons-en, s'il vous plaît, à votre affaire. Je suis à vos ordres et nous ne pouvons manquer de nous entendre. Je vous ai fourni l'acte de naissance d'un sieur Samuel Ewart et différents papiers propres à établir l'identité de cette personne. Je vous ai passé ces actes de la main à la main, mon bon monsieur, sans préjuger de l'usage que vous vouliez en faire. Je n'ai agi en cela que dans le but de vous être utile.

— Après ? dit Groult en fronçant les sourcils.

— Espérez un peu, dit le Normand dans son patois, espérez.

Il s'humecta les lèvres et continua :

— Je n'ai pas voulu chercher quelle sorte d'intérêt vous aviez à vous procurer les papiers de Samuel Ewart ; je suis discret, mon bon monsieur. La discrétion est une des vertus cardinales de mon petit métier. Mais supposez que Samuel Ewart soit mort.

— Parbleu ! s'écria Groult, s'il est mort il ne reviendra plus.

Et il éclata de rire.

— Espérez, dit le vieillard (en contemplant les épingles soigneusement piquées à la manche de son habit) ; espérez. Supposons qu'une personne possède un extrait légalisé de son acte de décès — de l'acte de décès de Samuel Ewart, mort à Jersey, sans postérité — et que le détenteur de cette pièce puisse la produire en temps utile.

Groult ouvrit ses deux énormes mains. Il était exaspéré de la trahison de son vieux complice, qui semblait vouloir maintenant rendre inutiles les pièces qu'il lui avait procurées à grands frais.

— Pas de finesse ! dit-il rudement. Marchez droit.

Les prunelles du bonhomme clignaient avec inquiétude, mais sa voix était très calme quand il reprit :

— Tout ce que je vous en dis n'est que pour vous servir. Mais je vois que je vous contrarie. Restons-en là et quittons-nous bons amis.

Il se leva et alla prendre sur un méchant secrétaire de noyer un pot à eau égueulé dans lequel trempait une botte de myosotis.

— Voyez, dit-il en posant le pot sur la table, j'en aurai pour toute la saison. Chaque fois que je passe par Carteret, là-bas, sur la côte, je cueille des myosotis dans le fossé qui borde la propriété de M. de Laigle. J'en tire une botte que j'entortille dans mon mouchoir...

Il passait doucement la main sur les fleurettes bleues pour faire tomber les corolles fanées.

— Pourvu, ajouta-t-il, qu'on ait le soin de tirer les racines avec les tiges, on est certain de voir cette plante-là vivre dans l'eau comme en pleine terre. Eh ! mon Dieu ! je n'ai ni femme ni enfant, ni chien ni chat ; il faut bien s'attacher à quelque chose : j'aime les fleurs.

Groult ne l'écoutait pas ; il se mordait les lèvres et se rongeait les ongles. Puis il fit un soubresaut et s'écria :

— Vous avez l'acte de décès de Samuel Ewart. Donnez-le-moi, il me le faut, je le veux !

Reuline jeta un coup d'œil furtif sur le secrétaire de noyer. Et, enlevant délicatement le pot de myosotis, il le replaça sur le meuble. Puis il s'assit et s'humecta les lèvres.

— Espérez, dit-il, espérez. J'ai cet acte et je ne l'ai pas. Il se peut que je puisse le produire comme il se peut que je ne l'aie pas à ma disposition. Mais raisonnons comme s'il m'était loisible de me le procurer. J'ai appris bien tardivement que M. Haviland (au service de qui vous êtes depuis bien des années, n'est-il pas vrai ?) recherchait ce même Samuel Ewart. Il est bien naturel que je songe à l'obliger à son tour, mon bon monsieur. Il sera bien content d'avoir des nouvelles de ce pauvre Samuel, décédé si malheureusement à Jersey.

Reuline s'arrêta pour observer son homme et voir s'il ne l'avait pas trop exaspéré. Mais Groult répondit tranquillement :

— Si vous vouliez envoyer l'acte à mon maître, il fallait vous dépêcher davantage. Il est mort à l'heure qu'il est, ou peut s'en faut.

L'homme d'affaires se fit avec sa langue une fluxion sur la joue gauche et fixa ses yeux verts sur le domestique avec tout l'empire d'une évidente perspicacité. Groult en ressentit un malaise très sensible.

— Ce pauvre monsieur Haviland ! Ce que c'est que de nous ! Mais comme vous êtes certain, mon bon monsieur, de la mort de votre maître ! Il y a donc, Jésus ! des maladies dont on peut connaître ainsi le terme à l'avance. Hélas ! il faut revenir à notre affaire. M. Haviland laisse des héritiers qui seront certainement bien contents d'apprendre ce que feu Samuel Ewart est devenu. Je n'ai qu'un désir, mon bon monsieur, c'est celui d'obliger le monde.

Groult était redevenu tranquille. La patte d'oie, marquée sur sa tempe, avait une sorte de sourire tout à fait malin.

— Mais, dit-il, les héritiers Haviland ne vous donneront pas deux sous de votre chiffon de papier. Vous seriez vraiment bien bon de le leur envoyer. Quel avantage y auriez-vous ? Donnez-le-moi. Je serai capable même de vous le payer quelque chose, un peu plus tard.

— Doucement ; contez-moi votre petite affaire. Le bonhomme Reuline est discret. Quand je saurai de quoi il retourne, j'aviserai.

— Je n'ai rien à vous conter.

— Eh ! mon Dieu ! je sais ce que c'est, vous êtes timide, mais je vous aiderai. Feu Samuel Ewart est couché sur le testament de ce pauvre M. Haviland pour une somme assez ronde. Muni, comme vous l'êtes, grâce à moi, des papiers qui établissent l'identité du défunt légataire, vous trouverez un jeune homme de bonne volonté qui consentira, moyennant une bonne prime, à se présenter chez le notaire de feu M. Haviland, comme Samuel Ewart lui-même, et à toucher en cette qualité la somme à lui laissée. Eh ! mon Dieu ! ne vous défendez pas ; il ne faut pas laisser l'argent dormir, et puisque ce pauvre Samuel a perdu le goût du pain… Mais, mon bon monsieur Groult, qui vous répondra de la probité de ce Samuel Ewart ? S'il gardait tout pour lui, ce serait bien indélicat de sa part, mais bien déplaisant pour vous. Il faut songer à tout. On voit tant de malhonnêteté en ce bas monde ! Avisez. Soyez prudent. Je ne veux que votre bien.

Le vieil homme passa entre ses lèvres la fine pointe de sa langue de lézard et continua :

— Je vous avertis. Un homme averti en vaut deux. Je connais la personne qui possède l'acte de décès de Samuel Ewart. Cette personne n'est ni un Turc ni un juif. Elle ne vous veut pas de mal ; elle est raisonnable. Voici ce que je suis autorisé à vous dire de sa part : Touchez le legs de Samuel Ewart, et, quand vous l'aurez touché, offrez par mon intermédiaire une part raisonnable à cette personne… non pas une part de la moitié, non… ce serait trop ; il ne faut pas pressurer les gens… mais, comme qui dirait une prime de cinquante pour cent. Sans quoi la personne, agissant contrairement à mes conseils, rendra public l'acte qu'elle possède, ce qui serait bien fâcheux pour vous et me ferait beaucoup de peine.

Groult s'était reculé, ramassé dans l'ombre pendant ce long propos. Il sauta sur l'homme, le prit à la gorge et lui cria :

— Donne l'acte, vieux juif, ou je t'étrangle !

Il était furieux de rencontrer un obstacle qu'il n'avait pas prévu.

Reuline, jaune et maigre, sec et semblant rendre l'âme à chaque souffle, se raidit et résista avec le muscle et la souplesse d'un homme exercé par de fréquentes querelles avec les marins qui lui portaient leur montre en gage pour aller boire. Cette résistance augmenta la fureur de Groult qui vit rouge et tira son eustache. C'était un méchant couteau pointu dont la lame se ramenait sur un manche de buis cerclé d'anneaux de cuivre. Groult l'avait sans cesse dans la main pour son usage personnel et le service d'autrui. Le vieillard, glissant pour se dégager, alla tomber contre l'angle de la cheminée, qui lui fit une blessure au front. Groult, tombé avec lui sans le lâcher, vit de très près d'abord une éraflure blanche, puis le sang qui coulait abondamment. Ce sang et les cris de Reuline lui firent faire le coup de la peur. Avec une lucidité singulière, il choisit sa place et enfonça la lame du couteau dans la poitrine du vieillard. Puis, pendant une minute, qui lui parut indéfiniment prolongée, il ne remarqua rien. L'homme était là, sous son poing, roulant des yeux verts, la bouche ouverte et résistant de tous ses muscles ; puis, après cette minute-là, enfin, il lâcha prise, s'affaissa, ferma et rouvrit convulsivement les mains comme pour saisir quelque chose, et ne bougea plus.

Alors ses traits n'exprimaient plus rien de violent. Il avait l'air de sourire malicieusement dans son sommeil.

Groult fit sauter avec la pointe de son eustache la serrure du secrétaire de noyer et se mit à fouiller. Il remuait des papiers. La flamme de la chandelle presque finie dansait et les souris faisaient craquer le plancher au milieu du silence survenu. Il fouillait les dossiers, les liasses, les chemises, les layettes, et jetait tous les papiers sur le cadavre. Une grande flamme envahit tout d'un coup la chambre. C'était le papier roulé à la base de la chandelle qui s'enflammait. Il fouillait les enveloppes, les cartons, les vieux buvards, les serviettes et les portefeuilles de cuir. Enfin, il trouva un papier timbré qu'il fourra dans sa poche en poussant un grand soupir. Il souffla le chandelier qui fumait comme un lampion et dont la flamme surnourrie de suif fondu se rejeta sur son visage et lui brûla les cils avant de s'éteindre. Puis, ayant pris sa casquette à tâtons, il sortit.

Il hésita un moment sur le palier, monta sans bruit à l'échelle du grenier et regarda par la lucarne qui donnait sur la rue. Il vit, aux reflets de la lumière sur le pavé mouillé, que la boutique de l'épicier n'était pas fermée. Il se blottit derrière des caisses vides et attendit. Il attendit longtemps, les jarrets tremblants, la gorge sèche, les tempes serrées, frissonnant au moindre bruit. Enfin, quand il jugea la maison et la rue bien endormies, il noua à la poulie qui surplombait la lucarne une corde à crochet dont l'épicier se servait pour élever des ballots au grenier et descendit dans la rue avec une agilité de singe.

X

Hélène, sortie de convalescence, n'avait plus qu'une idée : posséder René, le tenir, ne plus le quitter. Il serait son refuge, sa force. Elle comptait bien que les épouvantes ne l'atteindraient plus quand ils seraient tous deux enfermés dans la même chambre. Elle l'épouserait, elle vivrait doucement, chaudement, bien abritée, entre son mari et son père. Tout son passé d'innocence tenait à ces deux hommes. Non, non ! les mauvais rêves ne se glisseraient plus sur l'oreiller qu'elle se ferait avec tant d'amour.

Elle ne savait rien des bruits qui grondaient sourdement contre elle dans le quartier.

Quant au testament de M. Haviland, cet acte, ouvert et lu devant les héritiers par le notaire, ne donna lieu à aucune difficulté. Le défunt laissait en usufruit à Hélène Haviland, née Fellaire, ses biens meubles et immeubles, lesquels devaient revenir, après le décès de l'usufruitière, à Georges Haviland ou à ses héritiers directs, s'il en venait à naître.

Groult était porté sur le testament pour une rente annuelle de douze cents francs.

Le testateur souhaitait expressément que la fortune distincte, claire et liquide, de Georges Haviland, mineur, administrée par lui, le fût à son défaut par son vieil et honorable ami M. Charles Simpson, banquier à Paris.

Mais M. Charles Simpson, atteint d'une affection de la moelle épinière à la suite d'une chute de cheval, ne put accepter la gestion que son ami défunt voulait qu'on lui confiât. M. Fellaire, ayant appris cette difficulté, imagina de se faire agréer aux lieu et place de M. Simpson.

Il témoigna, en diverses circonstances, de la plus vive sollicitude pour la fortune du mineur. Un jour, après le déjeuner, quand on lui apporta le cognac et des cigares, il dit à sa fille :

— Cet enfant-là m'intéresse comme s'il était mon propre fils. C'est plus fort que moi, je me sens pour lui des entrailles de père. Ces sentiments-là ne se commandent pas.

Ayant mis une pyramide de sucre dans son café, il reprit :

— Je ne sais pas ce que je ne ferais pas pour cet enfant.

Il contempla la pyramide de sucre qui s'effondrait dans la tasse et sourit avec mélancolie à cet écroulement, comme si c'était celui de l'espérance, si amoureusement conçue, d'être utile à Georges Haviland.

Puis il avala le sirop formé par la pyramide éboulée et sourit de nouveau.

Hélène le regardait avec inquiétude. Elle devinait bien ce qu'il allait lui proposer.

Il but un verre de cognac et dit :

— Ce pauvre Simpson est tombé de cheval d'une façon bien malheureuse. Ce que c'est que de nous ! Il n'y a pas un mois qu'il était vigoureux et plein d'intelligence, et le voilà devenu idiot... Quand je dis qu'il était plein d'intelligence, j'exagère. Il n'a jamais su mener grandement les affaires. C'était un esprit timide. Il ne risquait pas.

Et M. Fellaire alluma son cigare en se rengorgeant. Il risquait, lui !

Hélène, visiblement gênée, se taisait. Son père fumait en silence, et, vêtu de noir, correct, massif, semblable dans la fumée à un héros dans les nuages, il figurait bien l'apothéose du financier.

Il reprit :

— Ce Simpson était très froid, très sec. Je me demande s'il aurait jamais eu pour son pupille, notre Georges, un intérêt vraiment paternel.

Puis, incapable de se contenir, il alla droit à ce qu'il voulait. Il dicta lui-même à Hélène une lettre par laquelle elle le proposait aux membres du conseil de famille comme tuteur de Georges Haviland.

Debout, la tête haute, l'index tourné en signe de commandement vers la page commencée :

— Écris, mon enfant, écris, disait-il.

J'ai l'assurance que ce choix aurait reçu l'approbation de mon mari...

Elle hésita devant cet énorme mensonge. Mais, levant les yeux sur son père, elle lui vit un front si tranquille, un air si convaincu, une si digne figure, qu'elle écrivit docilement ce qu'il dictait.

M. Fellaire, planant dans les régions sereines de la paternité adoptive, rayonnait d'un pur éclat.

Il alla mettre lui-même la lettre à la poste. Hélène, restée seule, eut honte et peur d'avoir trahi le mort. Elle pensa : s'il revenait !... Alors elle crut le voir et elle le vit avec une effroyable netteté. Son visage, qui n'exprimait rien, laissait tout entier le mystère de sa pensée. Elle savait bien qu'elle ne le voyait qu'en imagination, mais elle ne pouvait pas ne pas le voir.

M. Fellaire ne put dormir de toute la nuit. Ses idées s'agitaient tumultueusement sous son foulard écarlate. Il se retournait dans son lit et faisait tinter à chaque seconde le verre et la carafe posés avec sa pipe, son bougeoir et ses lunettes sur la table de nuit d'acajou. Ce bruit argentin accompagnait harmonieusement ses pensées. Les actes futurs de sa tutelle intègre lui inspiraient pour lui-même de l'estime par anticipation. Ce n'était pas tout. Il comptait trouver en sa fille un capitaliste docile. Il fonderait enfin sa grande entreprise, le rêve de sa vie ; il mettrait au jour l'enfant de ses veilles, son œuvre : *la Fiduciaire, société de prêts sur gages.* Le gouvernement ne manquerait pas d'autoriser une société assise sur une base solide de capitaux. La liste des membres du conseil d'administration, choisis parmi des personnes décorées ou titrées, inspirerait de la confiance au numéraire. À ce moment de son rêve, M. Fellaire vit passer dans les rideaux de son lit l'ombre terrible du *Phénix de la garde nationale.*

Il en sentit au front une sueur froide, sous son triple madras, mais il chassa ce nuage importun. Il contempla de nouveau l'avenir. Il imagina pour la Fiduciaire un emblème d'un grand effet : deux mains terminées par des manchettes de dentelles et se tenant l'une l'autre à poignée. Il voyait déjà cette image symbolique imprimée sur les circulaires et les prospectus, gravée sur les billets, traites, bons, chèques, actions, obligations, livres de souche, et sculptée en pierre dans des proportions colossales sur le fronton même de l'immeuble occupé par la Fiduciaire dans le voisinage du nouvel Opéra. Car la Fiduciaire ne manquerait pas d'acheter un terrain dans ce quartier central et d'y bâtir un hôtel.

La première pointe de jour passa entre les rideaux de la fenêtre, et M. Fellaire aperçut, épars sur les meubles, des mémoires non acquittés de bottiers et de restaurateurs.

XI

Le lendemain du dîner chez Bréval, Longuemare, en déjeunant au café, parcourait un journal. Tombé sur une colonne d'informations signée *Spectator,* pseudonyme qu'il savait être celui de Bouteiller, il fronça les sourcils en découvrant un entrefilet rédigé comme il suit :

> *Encore une originalité internationale qui vient de s'éteindre. M. Martin Haviland, dont les obsèques ont été célébrées hier, laisse dans son magnifique hôtel du boulevard Latour-Maubourg une collection d'un genre particulier, quelques milliers de bouteilles contenant de l'eau de tous les fleuves, rivières, ruisseaux, cours d'eau, fontaines et cascades du monde entier. M. Haviland était aussi remarquable par sa bienfaisance que par ses collections. Sa mort, qui sera vivement ressentie par tous les pauvres du quartier des Invalides, semble due à l'abus de la belladone qu'il employait pour combattre un rhumatisme aigu dont il était affligé. C'est du moins l'opinion des princes de l'art. Nous sommes heureux d'être assez bien informés pour pouvoir rendre à cet événement déjà si douloureux en lui-même ses véritables proportions.*

Les dernières lignes de cette note le mirent dans une rage violente. Il se promit de couper avec sa cravache la figure à son ami Bouteiller. « Je ne sais seulement pas où perche ce macaque ! » s'écria-t-il dans son impatience. Il alla le chercher au bureau du journal à la mode et le rencontra dans le vestibule, entre le canard de bronze et le pigeon de marbre rose nichés, l'un sur la boîte aux lettres, l'autre sur celle des manuscrits. La mine bonasse et stupéfaite du gros reporter, ouvrant son parapluie sans défiance (il pleuvait), désarma Longuemare qui, se rappelant aussitôt le temps où Bouteiller lui volait ses versions dans son pupitre pour les copier à son aise, fut pris d'une sorte d'attendrissement. Bouteiller, souriant à sa vue, lui cria :

— Mon bon ! tu dînes avec moi ce soir chez Bréval, c'est entendu. Je vais installer le grand rabbin.

Longuemare lui barra le chemin, lui mit sous le nez le journal tout froissé et lui dit :

— Que signifie la dernière phrase de ton écho ? Qui donc, à ta connaissance, a donné à cet événement des proportions qu'il ne comporte pas ? Qu'a-t-on soupçonné ? et qui a-t-on soupçonné ? Réponds.

Bouteiller promena des yeux exactement ronds sur Longuemare et le journal. Puis il répondit avec une évidente candeur :

— Je vais te dire, mon vieux. J'ai mis ça pour corser l'écho, voilà tout. Et comme c'est mesuré, remarque bien ! Je suis piquant et je ne compromets personne. C'est du savoir-faire, ça. Ainsi c'est entendu, ce soir, au Helder ! »

Longuemare, désarmé, haussa les épaules et lui tourna le dos. Secoué par des émotions de diverses natures, il avait les nerfs très irrités. Il tombait dans des violences et dans des attendrissements successifs et se sentait en veine de folies. À n'en pas douter, il aimait Hélène, et cet amour commençait à le troubler profondément. Sous l'influence de l'excitation que ce sentiment imprimait à toutes ses facultés, il acheva en une semaine un article pour la *Gazette médicale,* composa son premier sonnet et s'attacha à l'improviste à une bouquetière de bal public pour laquelle il dépensa en huit jours sa solde d'un trimestre. Puis l'article, le sonnet et la bouquetière lui semblèrent insipides et fastidieux. Il traîna encore une semaine d'agacements et s'en alla droit un beau jour à l'hôtel du boulevard Latour-Maubourg. Il pouvait, après le temps écoulé, présenter décemment ses compliments de condoléance à la veuve.

Quand il revit la grille d'entrée, le perron au fond de la cour, l'antichambre et son grand poêle de faïence, il lui sembla qu'il y avait un siècle qu'il n'avait passé par là. Il était las comme s'il avait vécu plusieurs âges d'homme.

Il attendit quelques minutes Hélène dans le salon. Quand elle parut devant lui grandie et pâlie par ses vêtements noirs, il crut la voir pour la première fois. Ce n'est pas qu'elle fût bien changée. Depuis sa convalescence, malgré ses tortures d'imagination, elle prenait de l'embonpoint et ses joues étaient assez pleines. Mais il éprouvait sans cesse en la voyant une délicieuse sensation de nouveauté. Les yeux d'Hélène avaient, sous les boucles blondes des cheveux abaissés sur le front, un sourire vague et charmant. Elle parla la première. Le rien qu'elle dit le fit tressaillir. Il répondit de travers. Elle, plus maîtresse de ses sens, jouissait du trouble qu'elle inspirait. Il effleura, en termes vagues, les souvenirs de deuil ; puis, par une pente aisée, il en vint à parler de l'avenir.

Elle n'aimait plus le monde, disait-elle. Elle lui demanda ce qu'il comptait faire. Il voulait essayer de la clientèle civile ; son père lui donnerait les fonds nécessaires. Elle approuvait ; elle avait à Saint-James et dans le parc de Neuilly des amis qui feraient au jeune docteur une clientèle choisie. Elle lui promettait son patronage et s'engageait de la sorte dans son avenir. Elle dit que, pour elle, elle ne savait pas ce qu'elle ferait. Elle ajouta, par un délicat mensonge, que la succession de M. Haviland, dont elle n'avait que l'usufruit, grevée de legs, pouvait la laisser bien moins à l'aise qu'on ne croyait. Elle ajouta : « Si je deviens une pauvre femme, vous ne me fuirez pas ? » Il eut assez de goût pour ne rien répondre. Ils ne se dirent pas un mot d'amour. Mais ils n'avaient pas un souffle qui ne fût embrasé. Ils respiraient avec effort ; ils se sentaient nager dans un fluide étouffant et délicieux. Elle dit qu'elle avait chaud. Il lui prit la main, qu'il ne pressa qu'à peine et qu'elle ne retira pas. Ils ne savaient pas ce qu'ils faisaient et ils auraient voulu tous deux mourir ; mais la conscience des choses revint à Hélène. Elle dégagea sa main. Une ombre passa sur son front. Elle songea un moment et dit :

— Il y a bien des choses que j'ai faites et que je ne ferais plus. Je vaux mieux que ma vie.

À cette parole, qui remuait dans leur âme toutes les eaux dormantes du souvenir, René détourna la tête et retint des larmes sous ses paupières. À son tour elle lui prit la main. Ils entendirent des pas dans l'antichambre : « Mon ami, mon ami », lui dit-elle... Et, sans achever, elle alla à quelques pas s'asseoir dans un fauteuil.

M. Fellaire, annoncé par le craquement de ses bottes, fit son entrée et serra avec effusion les mains du docteur. Il rappela les soirées de la rue Neuve-des-Petits-Champs.

— Nous vous avons élevé, formé, dit-il à René ; vous êtes notre enfant. Et il est de fait que vous avez vu défiler chez moi bien des types curieux.

C'était pour vous une école d'observation. Vous avez donc navigué et vu du pays, comme le pigeon de La Fontaine ? Ah ! la mer !

Il parla de l'immensité, de la poésie de l'Océan, et se montra fort ému. Puis il demanda la permission de dépouiller sa correspondance et de faire son courrier.

Installé devant la table, il lisait des papiers avec des susurrements ou des grognements qui exprimaient son dédain ou son impatience. Donnant à sa personne, à ses papiers, à ses journaux, le plus de volume qu'il lui était possible, il affectait tour à tour la contention la plus obstinée et le détachement le plus léger.

Hélène et René se regardaient en silence et se croyaient seuls au monde.

Enfin M. Fellaire fit courir sa plume sur quelques feuilles de papier, signa avec fracas, sonna comme chez lui, fit mettre son courrier à la poste et huma l'air à pleins poumons.

Son humeur avait tourné ; il était bon enfant, sans façon, un peu goguenard. Il proposa une promenade *extra muros.* Personne n'en saurait rien. D'ailleurs, ce n'était pas une partie de plaisir. Il faut bien dîner quelque part. Ils iraient manger une friture à Meudon.

Ils avaient tous trois le goût de ces parties intimes lestement menées.

Au bas Meudon, ils entrèrent sous une tonnelle au bord de l'eau. Hélène, pour dénouer les brides de son chapeau, éleva les bras comme deux anses d'amphore, par un mouvement plein de grâce dont le spectacle donna à René une minute délicieuse. Les cheveux blonds de la jeune femme étaient collés sur son front et ses yeux brillaient doucement au-dessous. Ils échangèrent un regard si profond et si limpide qu'ils eurent la sensation de se noyer l'un dans l'autre. M. Fellaire, redevenu important, se rappela des affaires avec de grands soupirs. Il demanda de l'encre et du papier, et n'obtint à grand'peine qu'une fiole vaseuse, une plume rouillée avec une feuille bleue de Bath sur laquelle il mit des chiffres et qu'il fourra ensuite dans sa poche. Puis il demanda brusquement si son jeune ami ne connaissait pas des armateurs à Toulon. Il prononçait avec tant d'ampleur le nom d'armateur qu'il semblait que la phrase n'eût été dite que pour produire un effet de sonorité, ce qui est bien possible. On dîna. M. Fellaire exprimait une moitié de citron sur sa friture avec toutes les élégances dont était capable sa main blême, grasse, courte et chargée de bagues. Il contemplait les jeunes gens à travers ses lunettes d'écaille ; non sans une secrète envie de les exhorter et de les bénir, comme dans un drame. Devant eux, sur la rivière, un ponton de débarcadère affleurait la berge.

Une île étroite et longue leur fermait l'horizon d'un rideau de peupliers. Des canotiers passaient en périssoires, et, dans l'île, des femmes en robes claires les appelaient avec des rires argentins. Le couchant s'embrasa, des étincelles tremblaient sur la rivière ; puis le ciel et l'eau s'éteignirent ; une brise fraîche s'éleva dans la verdure sombre. René décrocha le châle noir et le mit sur les épaules d'Hélène. M. Fellaire abondait en récits galants et en recettes de cuisine. S'étant mis inopinément à admirer le paysage, il décerna des louanges à la Providence. Longuemare lui répondit que la nature est le théâtre d'un éternel carnage et que rien n'y vit que par le meurtre.

— Vous allez trop loin, répliqua M. Fellaire.

Ils étaient heureux tous trois ; l'ombre commençait à les envelopper. Ils se seraient longtemps oubliés là, si l'homme d'affaires n'eût songé au café de Colmar. Il calcula qu'il était temps d'aller y faire sa partie de billard, avec des courtiers et des fermiers d'annonces.

— Mes enfants, dit-il en consultant sa montre non sans un froncement de ses épais sourcils, l'heure me presse ; un rendez-vous très important. D'ailleurs, il va pleuvoir.

Le vent s'était élevé. Des nuages couraient furieusement dans le ciel, devant une lune pleine et rouge qui semblait emportée en sens contraire. Ils cherchaient le sentier étroit qui monte au haut Meudon et mène à la station. Hélène marchait au bras de René. Les clartés incertaines de la nuit les faisaient hésiter. Ils se taisaient. Tout à coup Hélène frissonna.

— J'ai peur, dit-elle.

Un homme en guenilles, grand, maigre, à longs pieds, venait à leur rencontre devant eux. En ôtant son chapeau de paille, il montra un visage maigre, percé de deux grands yeux ternes. Il tendit la main en murmurant une espèce de prière. Hélène se pressa contre René et l'entraîna.

— Vous l'avez vu, dit-elle ; il ressemble à… J'ai peur.

René lui-même éprouvait une impression de malaise. Ce mendiant rappelait en effet M. Haviland et, ce qu'il y avait de plus pénible, c'est qu'il le rappelait sous un aspect si morne et si défait, et avec une telle expression d'irrémédiable souffrance qu'il suggérait la vision affreuse de M. Haviland, non comme il était autrefois, mais tel qu'il devait être maintenant. Ils gravissaient tous trois le sentier bordé de haies et de murs. Les cailloux roulaient sous leurs pieds. Hélène s'arrêta court : elle fixait des yeux un objet dans l'ombre. René ne voyait devant elle que des touffes d'orties autour d'une borne. Mais, certes, la veuve voyait autre chose. Elle poussa un grand cri et tomba à la renverse. M. Fellaire voulait qu'on la fît asseoir.

— Laissez-la étendue, dit René, penché sur elle.

Elle était roide, inerte. Ses lèvres seules remuaient et un peu d'écume commençait à poindre aux coins. Ses yeux sans regards étaient ouverts sur le ciel. Quand elle se ranima, elle ne se rappelait rien, mais elle était lasse. Arrivée à la porte de l'hôtel, elle supplia son père d'y venir coucher cette nuit. Elle avait peur encore, disait-elle. Elle tendit la main à René, mais une main glacée, crispée, inanimée, et elle le regarda avec une pénétrante expression de découragement et de désespérance.

XII

Hélène, effarouchée, tremblait sans cesse. Les visites qu'on lui faisait, celles qu'elle attendait et qui ne venaient pas, le bruit, le silence, les appartements, la rue elle-même, tout lui faisait peur. À toute rencontre elle tressautait. Son ancienne amie de pension, Cécile, mariée depuis longtemps dans la finance, vint la voir en grande cérémonie. Sous les minauderies et le papotage de la visiteuse perçait une pointe de curiosité qui mettait Hélène à la torture. L'entrefilet du *Spectator* avait piqué la curiosité de Cécile, qui pourtant se résignait à partir désappointée.

Elle était déjà debout quand elle se ravisa.

— Ces journalistes, dit-elle, n'ont pas le sens commun. Quel est donc celui qui disait qu'on avait donné à l'affreux malheur qui vous a frappée, pauvre chérie, des proportions, des proportions ?... D'abord, je ne sais pas bien ce qu'on entend par des proportions.

Hélène, effarée, répondit :

— Je ne vous comprends pas ; je vous assure que je suis...

Elle s'arrêta au bord d'une insondable maladresse. N'allait-elle pas protester de son innocence !

Elle fit rechercher le numéro du journal, le lut et ne dormit plus.

Pendant ce temps, le parquet d'Avranches, saisi d'une affaire criminelle, l'instruisait minutieusement. Un sieur Reuline, agent d'affaires assez mal famé, avait été trouvé assassiné dans son logis, rue de Gesvre, à Granville. Les charges pesèrent d'abord sur un ouvrier du port, ivrogne et débauché, qui s'était rendu chez Reuline vers cinq heures du soir, la veille même de la découverte du cadavre. L'épicier, établi au rez-de-chaussée de la maison, avait vu cet homme descendre en donnant les signes d'une violente surexcitation. Mais, reconnu innocent après un long interrogatoire, il fut relaxé. Forcé de tourner ses recherches dans un autre sens, le juge d'instruction examina de nouveau le théâtre du crime.

Il remarqua que les liasses de papiers qui avaient été tirées du secrétaire, après le crime, feuilletées rapidement et jetées sur le corps de la victime, formaient des groupes distincts, enveloppés chacun d'une chemise de papier, laquelle portait un nom et une adresse. Cet amas de papiers avait été prudemment laissé tel qu'on l'avait trouvé. On avait dégagé le corps de la victime avec de minutieuses précautions. Une de ces chemises, jetée par-dessus toutes les autres, et par conséquent au terme des recherches de l'assassin, était complètement vide. Elle portait la cote suivante : *M. Groult, chez M. Haviland, à Paris.*

Le nom de Groult se retrouva, non à Granville, mais à Avranches, sur le registre de l'auberge du Cheval Rouge. Groult y logeait encore, quand un mandat d'amener fut lancé contre lui ; il fut arrêté.

Hélène apprit cette nouvelle par les journaux, après une nuit atroce. Elle l'avait vu, lui. C'était une apparition affreuse ; il se tenait devant elle, sans lui rien reprocher, sans lui marquer de haine ni de colère. Seulement il se montrait à elle tel qu'elle l'avait fait, sous l'aspect épouvantable qu'il avait maintenant. Comment vivre, s'il revenait ainsi toutes les nuits ?

Son père vint à l'heure du déjeuner. Elle se jeta sur lui avec un délire de tendresse et d'épouvante, elle le suppliait des yeux. Elle le serrait si fort qu'il lui dit :

— Qu'as-tu donc ? Tu me fais mal !

Puis il déclara qu'il s'était toujours méfié de Groult, et c'était une révélation bien inattendue. Le crime de ce misérable le faisait frissonner, disait-il ; mais il lui était venu, dans la nuit, une idée, une inspiration. Il voulait retrouver Samuel Ewart. Il avait le matin même écrit à ce sujet à l'ambassade de France en Angleterre. Il poursuivrait ses recherches. Et dans ce moment même son regard aigu semblait vouloir percer la corniche.

Hélène souffrait cruellement de le voir ainsi s'attacher aux choses du mort. Elle lui dit :

— Papa, est-ce que tu ne voudrais pas partir avec ta fille loin, bien loin ?

— Où ? demanda-t-il dans sa bonhomie effarée.

L'idée de s'éloigner du café de Colmar lui apparaissait comme la plus absurde et la plus monstrueuse impossibilité. Remis de sa surprise, il baisa Hélène sur le front.

— Enfant ! murmura-t-il.

Puis, avec ses instincts de vie facile et de bonté indiscrète, il trouva ce qui eût pu retenir la jeune veuve à Paris.

— Notre ami Longuemare, lui dit-il, ne se consolerait pas de ton départ.

Mais elle répondit gravement que M. Longuemare ne devait songer qu'à une jeune fille. Puis, les mains jointes, avec un éclat de voix sorti des entrailles :

— Mon Dieu, mon Dieu ! s'écria-t-elle, quelle chose impitoyable que la vie !

Il lui prit les mains et répliqua de sa voix grasse :

— À qui le dis-tu, mon enfant !

Puis, ayant déployé sur la table son portefeuille de chagrin, il s'isola dans la fumée d'un gros cigare et rédigea un mémoire pour Samuel Ewart, absent.

À partir de ce jour, les remords et les terreurs d'Hélène augmentèrent constamment, sans cause extérieure, par le seul travail de son cerveau blessé. Ses visions devinrent plus fréquentes et plus précises. Elle avait besoin de réflexion pour les distinguer de la réalité.

À la suite d'un interrogatoire subi par Groult, une perquisition fut ordonnée au domicile de l'inculpé. Un commissaire de police, assisté d'un serrurier, se présenta un matin à l'hôtel. On vint avertir madame Haviland qu'il saisissait des papiers dans le pavillon du concierge, et qu'il demanderait, dans une heure ou deux, à la maîtresse de la maison, la faveur d'un moment d'entretien. Hélène reçut cette nouvelle comme un coup de maillet. Elle voyait dans sa chambre, distinctement, son mari décomposé, mais correct, très calme et très content. Elle le voyait, il était assis, feuilletait une revue, semblait tranquille comme un homme rentré chez soi. Bien que ses yeux fussent entièrement délayés et tout mêlés de terre, il aperçut un brin de fil sur le tapis de la table et l'ôta délicatement comme il faisait tous les jours quand il vivait, puis il disparut. Alors les terreurs d'Hélène changèrent. Dans son ignorance des choses, elle s'imagina la justice acharnée contre elle, lui arrachant l'aveu de ses plus secrètes pensées et l'envoyant sur le même échafaud que le domestique Groult. Tout ce qu'elle avait lu du supplice de Marie-Antoinette lui revenait à la mémoire. Elle sentait sur sa nuque le froid des ciseaux du bourreau. La folie de la peur l'envahit tout entière. Les frôlements de son peignoir la faisaient s'évanouir à demi.

Vers dix heures, elle entendit un claquement de portes. Elle ouvrit la fenêtre pour se tuer ou se sauver ; elle n'en savait rien. C'était son neveu Georges qui revenait, comme à l'ordinaire, du collège. Il jeta ses livres avec mauvaise humeur sur la table et, par, hasard, regarda sa tante.

— Comme tu as de grands yeux aujourd'hui, lui dit-il.

Il ouvrit ses livres, comme à l'ordinaire, en attendant le déjeuner et se plaignit, avec une moue de mauvais écolier, d'avoir à faire une préparation grecque. Puis, assis sur son pied, à un coin de chaise, le menton sur la table trop éloignée, il se mit à feuilleter mollement son dictionnaire. Malgré ses grimaces, il traduisait assez bien. Il faisait en écrivant des taches d'encre qu'il effaçait ensuite avec sa langue.

Elle écoutait stupidement tous les bruits et tressaillait aux coups de pied que l'enfant lançait contre les bâtons de sa chaise. Il imitait la voix grave et le ton guindé de son professeur.

— Remarquez, messieurs, l'harmonie des vers de Sophocle. Nous ne savons pas comment on les prononçait, nous les prononçons tout de travers ; mais quelle harmonie ! Monsieur Labrunière, vous me conjuguerez dix fois le verbe *didômi*. Quelle harmonie !

Puis avec sa voix flûtée :

— Ma tante, je te « promets » que mon professeur met des faux cols en papier. Nous l'appelons Python. Saisis-tu pourquoi ? Un jour, il nous a dit : « Messieurs, Python était un monstre d'une laideur répugnante et d'une malignité insigne. » Alors Labrunière a crié tout bas : « C'est comme vous. » Il est fameux, Labrunière ! Dis donc, ma tante, sais-tu que tu es une très belle femme ?

Puis ses idées, après tant de sautillements, se posèrent sur le texte grec. Il faisait le mot à mot, et, comme un oiseau jaseur, remplissait la chambre de sa voix claire, disant tout haut les mots grecs et français qu'il écrivait et s'interrompant pour compter des billes.

— *Kara théion,* la tête divine, *Iokastès,* de Jocaste, *tethneken* est morte... Comme c'est bête !... Elle alla... *pros ta leké numphica,* vers les couches nuptiales,... c'est-à-dire vers la chambre à coucher... Remarquez, messieurs, quelle heureuse expression et quelle harmonie !... *Sposa komen,* déchirant sa chevelure, *kalei* elle appelle, *Laïon* Laïus, *nekron,* mort. Vois-tu, ma tante, en français, un laïus c'est un sermon, mais en grec c'est un bonhomme que Jocaste avait épousé, et ce mariage-là n'avait pas réussi. *S'arrachant les cheveux, elle appelle Laïus mort...*

Hélène, à travers ces balbutiements de grec et de français, démêlait une antique et noble histoire de femme désespérée.

Lui, échauffé, près d'en finir, se hâtait.

— *Eseidomen tèn gunaika krémasten,* nous vîmes la femme pendue. Il fit un paraphe qui troua le papier, tira sa langue toute violacée d'encre, puis il chanta :

— Pendue ! pendue ! J'ai fini !

Hélène se leva, toute droite, et monta dans sa chambre avec une allure si calme, si précise, si certaine, qu'elle semblait la figure de la Nécessité.

Enveloppée de son châle noir et de son voile de veuve, elle descendit par l'escalier de service

XIII

En voyant la rue, elle fut éblouie et chancela. La clarté de cette matinée était étrangement diffuse. La lumière, répartie sur tous les objets, les éclairait avec une extrême netteté. Les voitures, les arbres, les kiosques des marchands de journaux et les passants les plus éloignés restaient si précis, malgré leur petitesse, qu'on eût dit les avoir sous la main. Cette clarté fut très pénible à Hélène, qui ne regardait rien et voyait tout. Les objets les plus insignifiants pour elle, comme les numéros des fiacres et les lettres des enseignes, se gravaient dans ses yeux avec des détails fatigants pour des nerfs malades. Tout ce qu'elle voyait lui semblait entrer en elle brutalement et la blesser. Elle était tentée de reculer, mais elle ne pouvait s'arrêter. Non, jamais la pensée ne fut aussi complètement abolie dans une personne vivante. Et elle marchait comme irrévocablement déterminée. C'est que tout à l'heure une idée lui était venue, simple, claire et si définitive qu'elle avait exclu toute autre idée. Elle allait, ne se sentant pas même marcher, croyant voler et pourtant bien faible, incapable d'un geste volontaire. Elle allait. Devant elle une fillette trottait en portant un enfant et une boîte au lait. Hélène épiait les gouttes blanches qui tombaient une à une sur les dalles du trottoir. Tout ce qui lui restait de facultés s'appliquait à ce lait répandu. À chaque gouttelette échappée, elle ressentait une inexplicable impression d'angoisse.

Quand elle atteignit les quais, la large étendue ouverte devant elle, le poudroiement de la lumière sur le fleuve et le souffle frais errant sur les eaux lui tirèrent un soupir. Elle hésita une seconde ; mais, tournant à droite, elle reprit sa course. Le quai d'Orsay était tout parfumé d'une odeur de jardins. Elle allait.

De la rue du Bac au pont Royal, une file d'hommes affairés, d'ouvrières agiles, de fiacres, d'omnibus lui barraient le passage. Elle prit le pont, sans regarder l'eau, tourna encore une fois à droite, descendit sur la berge, traversa, entre un massif de saules, la passerelle des bains, et entra dans le bateau plein d'une odeur d'eau chaude et de goudron.

Elle attendit tranquillement, en mordillant la pomme de son ombrelle, que la fille en tablier blanc eût préparé son bain. Elle était très calme. Elle entra dans la cabine et dit qu'elle sonnerait quand elle aurait besoin d'un peignoir.

Dès que la petite porte se fut refermée sur elle, elle ouvrit d'une brusque secousse la fenêtre, dont elle écarta les rideaux de calicot, et respira largement. Devant elle, la Seine agitait ses petites lames étincelantes. Du bateau des blanchisseuses, amarré à l'autre rive, partaient les coups sourds des battoirs. Un bourdonnement montait de l'enclos bariolé des bains d'hommes.

Elle embrassait ce spectacle clair d'un regard indolent qui semblait heureux. Ses épaules serrées par le châle de cachemire noir, son voile de veuve relevé sur le chapeau et flottant autour de sa tête comme un nuage funèbre, elle était plus belle que jamais et une volupté calme s'exhalait de toute sa personne. Un clapotement d'hélice s'approcha et grandit. Le ponton des bains oscilla légèrement, et un bateau-mouche, allant au Point-du-Jour, passa devant elle si près qu'elle entendit les voix des passagers. Deux jeunes gens, d'allure vulgaire, appuyés aux bordages du pont, la lorgnèrent avec une intention libertine, en songeant, sans doute, à sa toilette qu'elle allait défaire.

Elle les remarqua. Elle entendit l'aîné des deux, qui était blond, avec des plaques rouges sur la face, dire à son camarade :

— La belle femme ! on se la...

Mais déjà le bateau passait, cheminée abaissée, sous l'arche du Pont-Royal.

Fut-ce dédain ou contentement ? les coins de sa lèvre se soulevèrent et commencèrent un sourire.

Elle était calme ; son regard, flottant, très doux, sans inquiétude. Elle releva ses beaux bras par un geste gracieux qui eût troublé bien des hommes, se passa les doigts sur le front. Puis elle se détacha avec indifférence de ce qu'elle voyait et referma la fenêtre. Il était midi.

À deux heures, elle n'avait pas sonné. À deux heures dix la fille de service, surprise de n'être pas encore appelée, ouvrit la porte de la cabine et demanda si madame n'avait pas besoin de quelque chose.

Il n'y avait personne dans la baignoire, mais en face, entre la fenêtre et la glace, une grande forme noire pendait.

La fille s'enfuit en criant au secours.

Hélène Haviland s'était pendue avec une cravate de son neveu, au portemanteau. Elle avait gardé sur ses épaules le châle que René lui attacha un mois auparavant, sous la tonnelle, à Meudon. Ses genoux étaient infléchis et la pointe de ses bottines touchait le parquet. Une chaise placée sans doute à dessein à la gauche du corps le faisait dévier et l'empêchait de porter d'aplomb sur le sol. Le voile de veuve recouvrait le visage. On le souleva. La face était tuméfiée ; la langue, noire et gonflée sortait de la bouche.

Le commissaire de police appelé sur les lieux fit cette réflexion :

— J'ai vu bien des femmes suicidées ; c'est la première fois que j'en vois une pendue.

XIV

Longuemare, profondément atteint par cette disparition hideuse et louche de la femme qu'il aimait, ne parut pas d'abord accablé. Il fit de la médecine avec rage. Mais il devint sombre, brutal, dur. Il ne montrait de bon que son zèle et son intelligence de praticien. Querelleur avec ses camarades et cynique avec les femmes, il lassa toutes les complaisances et resta seul. Son impatience devint telle qu'il ne pouvait prendre un repas dans sa crèmerie sans se quereller avec le garçon, le patron et la demoiselle de comptoir.

Sur une parole brusque du médecin en chef de l'hôpital, il donna sa démission de chirurgien militaire et tomba un beau jour chez son père, au fond des Ardennes, sans livres, sans linge, avec une barbe de trois semaines et l'air maussade.

L'ancien agent-voyer, petit vieillard sec, taillait ses arbres, mettait son vin en bouteilles, scellait les carreaux branlants des salles, fendait du bois, allait, venait et prenait en grande considération toutes les choses de la vie. Il haussait les épaules en voyant son fils étendu tout le jour dans le jardin, une pipe éteinte à la bouche et un chapeau de paille crevé sur le nez.

Un jour, après le dîner, il confia à son fils qu'il avait « une grosseur » au bras, dont il ne souffrait pas, mais qui semblait augmenter. Il demanda ce qu'il fallait faire.

— Rien, répondit René en tournant les talons au bonhomme indigné.

Souvent, une binette ou un sécateur à la main, le vieillard affectait de passer par hasard près du tas de foin où son fils était vautré. Parfois il lui disait :

— Si tu es malade, va te coucher dans ton lit.

Ou bien :

— S'il vient du monde, je t'engage, dans ton intérêt, à prendre une autre tenue.

René prit l'habitude de sortir après chaque repas. Il allait, tout proche, s'étendre dans les ajoncs, sur les bords ravinés d'une petite rivière. Il ne rêvait même pas. Tout lui semblait pénible, absurde, mauvais ; sa douleur était sans charme, sans beauté. Il resta quelques semaines dans cet état.

Un jour qu'il bâillait stupidement au bord de l'eau, il vit des enfants qui se glissaient tout nus, avec des mouvements maladroits et jolis, d'une pierre à l'autre, dans le lit de la rivière. Ces petits êtres à crins jaunes, avec des faces rouges, qui riaient, s'appelaient, se repoussaient, criaient, faisaient clapoter l'eau, mettaient de la gaieté dans l'âpre paysage. Longuemare eut tout d'un coup une idée. Il les appela ; mais eux, pour s'enfuir, s'accrochaient des mains et des genoux aux pierres moussues, glissaient sur le fond vaseux, faisaient des plongeons et n'avançaient guère. Un d'eux, tapi dans la fente d'un rocher qui surplombait la rivière, s'y croyait caché. René vint l'y surprendre et le tira de son trou comme une anguille. Sans doute il n'avait pas l'air bien méchant, car l'enfant n'eut plus peur.

— Veux-tu bien m'écouter, petit sauvage, lui dit le chirurgien. Si tu veux gagner des sous neufs, apporte-moi des grenouilles. Tu dois savoir attraper des grenouilles. Je demeure là-bas, chez le père Longuemare.

Quand il eut des grenouilles, il ne quitta plus sa chambre, qui s'emplit d'une forte odeur de pharmacie et de tabac. Le père Longuemare, en sarclant ses plates-bandes, regardait avec satisfaction la petite lucarne d'où pendaient, au bout de fils de laiton, des grappes de grenouilles mutilées. Maintenant que son fils travaillait, il avait pour lui une sorte de respect religieux. Il se faisait petit dans la maison et n'y marchait plus que sur la pointe des pieds. Il défendait à la servante de faire le lit, là-haut, pendant que Monsieur travaillait.

Un jour, à table, en pelant une poire, il dit à son fils :

— Est-ce que je ne pourrais pas t'aider à préparer tes grenouilles ? N'as-tu pas besoin, par exemple, que je taille des planchettes ? Je pourrais te les peindre et même y coller une couche de sable fin.

— Coller du sable fin sur des planchettes ! Et pour quoi faire ?

Le père expliqua qu'il pensait que son fils empaillait des grenouilles et en faisait des groupes artistiques.

— J'ai vu, dit-il, à Paris, dans les boutiques des naturalistes, des grenouilles préparées très habilement ; elles faisaient mine de se battre en duel et tenaient des petites épées de bois ; il y en avait aussi qui jouaient au piquet avec des miniatures de cartes et d'autres qui buvaient sous une tonnelle, dans des verres de poupée. C'était très ingénieux. Je croyais, mon garçon, que tu travaillais à quelque chose de semblable.

Il fut très désappointé quand il apprit que son fils faisait des expériences. C'était à ses yeux des enfantillages bons pour les écoliers. Depuis lors sa figure s'allongea de nouveau, et, quand, dans son jardin, promenant l'œil du maître sur toute la maison, il apercevait des grenouilles pendues à la lucarne, il branlait la tête en signe de pitié.

Un matin, René lui annonça qu'il partait. Les deux hommes se firent, pour les adieux, une voix rauque et brève, un front impassible, une attitude raide, et ils se séparèrent avec une fermeté maussade.

Mais tandis que le vieux père, en regagnant sa maison, pleurait dans son mouchoir à carreaux, le fils, étendu sur la banquette de la voiture de troisième classe, s'essuyait les yeux en bourrant sa pipe.

À la Station de Reims, deux jeunes gens, des employés de commerce, sans doute, entrèrent dans son compartiment. L'un des deux lisait *Le Petit Journal* et faisait part à l'autre des nouvelles les plus importantes.

— La crise ministérielle continue… Une explosion a mis en émoi le quartier du Gros-Caillou… Le nommé Groult (Juste-Désiré) a été exécuté ce matin à six heures, sur la place du Marché, à Granville.

— Qu'est-ce qu'il avait fait ? demanda l'autre.

— Il avait assassiné un vieillard. On l'accusait aussi d'avoir empoisonné un riche anglais, mais ce second crime n'a pas été prouvé à l'audience. Tu ne te rappelles pas l'affaire Groult ?

— Non, dit l'autre.

Et après une minute de silence :

— Y a-t-il des détails ?

Ils lurent à mi-voix : « Dès quatre heures du matin, la fatale machine… » Longuemare n'entendit pas le reste.

Le propriétaire du journal plia sa feuille et dit :

— Jusqu'au dernier moment il a protesté qu'il n'avait pas frappé sa victime avec préméditation. C'est égal, c'était un fameux gredin… Je mangerais bien un morceau, et toi ?

Longuemare vécut, à Paris, dans une torpeur stupide. Il lui restait de son traitement en Cochinchine quelques centaines de francs qui le dispensaient de tout effort. Il se levait à midi et allait s'asseoir sur un banc du Luxembourg, au milieu du tourbillon des feuilles mortes dans le vent d'automne. Il se tenait la tête dans les mains si longtemps que les poings restaient marqués dans les joues. Les premiers froids achevèrent de l'engourdir. Il traîna ses journées d'hiver dans la salle étouffante d'un petit café, sans même lire les revues ni jouer au billard. Il rencontra là, au printemps, une figure de connaissance, Nouilhac, gros garçon velu, à demi paysan, qui, ayant trouvé des écus dans un sabot de feu son père, cultivateur en Auvergne, faisait sauter le sac avec des appétits de goinfre et une ladrerie de vilain. Il touchait à la quarantaine et devenait sérieux.

Ayant racheté dans son pays une source thermale oubliée, avec son établissement moisi, il avisait au moyen d'y ramener les baigneurs. Il avait ses poches bourrées de flacons d'eau minérale et de prospectus illustrés de vignettes représentant des thermes romains et une piscine du seizième siècle, d'après une ancienne miniature.

Tendant une bouteille à Longuemare :

— Thermale, sulfurée, chlorurée, sodique, arsenicale, iodo-bromurée et gazeuse, lui dit-il.

Puis il déroula tout au long son affaire.

L'établissement était situé à cinquante kilomètres de Clermont, au bord d'un lac, au pied d'une superbe pyramide de basalte. Quinze ou vingt chevriers et trente goîtreux ou goîtreuses peuplaient le village.

Nouilhac possédait, du chef de son père, trois ou quatre masures qui, repeintes et closes, deviendraient des cottages pour les étrangers. L'hôtel de César, situé en face de l'établissement, pouvait contenir de trente à quarante voyageurs. On songerait plus tard à établir un casino. Ils commençaient petitement, mais qui sait si dans l'avenir ?... Finalement, il demanda à Longuemare s'il voulait être des leurs.

— Venez, lui dit-il, vous serez le médecin de l'établissement.

Il avait pour les talents médicaux de l'ex-chirurgien militaire une haute estime, inspirée par l'opinion unanime de leurs amis communs. Tous les camarades de Longuemare lui connaissaient l'œil et la main d'un maître.

Il répondit à Nouilhac :

— Vos bains sont dans un trou. Il n'y viendra jamais que quelques scrofuleux ou dartreux européens qui achèveront d'y moisir. Si j'y vais, c'est pour y rester hiver comme été.

Il accepta sans discussion les faibles appointements offerts par Nouilhac, lequel considérait le médecin de l'établissement comme déjà rémunéré par la nombreuse clientèle internationale qu'il ne manquerait pas de se faire.

Le lendemain Longuemare fit des courses à travers Paris pour acheter le peu d'habits, d'instruments et de livres qu'il lui fallait. Vers cinq heures du soir, comme il descendait l'avenue des Champs-Élysées, il s'arrêta devant un théâtre de Guignol. Un triple rang de curieux pesait sur la corde passée au tronc des arbres pour fermer l'enceinte réservée aux spectateurs assis et payants.

En arrière les petits enfants contemplaient avec découragement, entre les jambes d'un militaire, la jupe de leur bonne.

Il reconnut dans la foule des spectateurs, mais un peu à l'écart, un vieillard voûté, lourd, bouffi de mauvaise graisse et dont le visage blafard gardait une inertie désolée. Il portait une redingote jaunâtre au collet et aux épaules, et qui, remontant par-derrière, laissait pendre sur le devant la pointe de ses deux pans. Ce vieillard regardait Guignol ou plutôt fixait dans sa direction, entre ciel et terre, un regard tout particulier.

Longuemare, en reconnaissant M. Fellaire de Sisac, se sentit remué, et tous ses souvenirs remontèrent ensemble à la surface de son âme.

M. Fellaire lui serra la main en cherchant une phrase qu'il ne trouva pas. Longuemare, avec je ne sais quelle pitié, quelle tendresse brusque, lui dit :

— Venez, je vous emmène.

— Cela se trouve bien, répondit M. Fellaire. Justement je n'ai pas d'affaires ce soir.

Il dit qu'il demeurait rue Truffaut, au fond des Batignolles.

— Ce n'est pas très central, ajouta-t-il ; mais avec les tramways...

Ils s'assirent, à la brune, dans la salle enfumée d'une gargote de la rue Montmartre. Ils se regardaient, surpris, ne sachant plus s'il y avait un jour ou cent ans qu'ils ne s'étaient vus.

Ils ne parlèrent pas d'elle. Mais tous deux la voyaient à leur côté.

Longuemare, en cassant des noisettes, dit qu'il partait pour le Mont-Dore et ce qu'il y allait faire. Il redit simplement :

— Je vous emmène.

Le vieillard roula des yeux effarés :

— Quitter Paris ! s'écria-t-il, ce n'est pas possible ! Et les affaires ! On ne vit qu'à Paris.

Longuemare, navré de pitié, ne put s'empêcher de sourire.

— Venez donc ! Là-bas vous serez inspecteur, contrôleur, régisseur.

Ces titres frappèrent la pauvre tête du vieillard, qui déclara que « son concours était acquis à une entreprise dont... et pour laquelle... enfin, que si son expérience pouvait être de quelque utilité... » Ils prirent rendez-vous pour le lendemain. Longuemare, en repassant le pont, songeait :

— C'est plus fort que moi, je me figure qu'il est mon beau-père.

La saison des bains ne fut pas trop mauvaise pour Nouilhac. Quelques Russes et une famille de Lyonnais vinrent prendre les eaux à son établissement. M. Fellaire se tenait près de la source et goûtait l'eau d'un air capable. Ses attributions n'étaient pas bien définies. Nouilhac n'aurait certainement pas admis M. Fellaire dans son personnel. Il le payait toutefois, mais avec l'argent de Longuemare.

— Faites-lui croire que vous lui donnez des appointements, avait dit le médecin, et surtout cachez-lui bien que ce sont les miens qu'il touche. Quant à moi, je m'arrangerai.

Il donna quelques consultations à des Russes et fut appelé dans la montagne pour quelques pieds démis le dimanche, au sortir du cabaret.

Les voyageurs partirent avec les hirondelles, non comme elles en compagnie, mais par couples ou seuls, les uns après les autres.

L'hiver vint. La neige couvrait la vallée. Sur les prismes du porphyre et les anfractuosités noires des puys de granit, la glace pendait en stalactites. Sur les pentes, la brume faisait voir les sapins agrandis et vagues comme des fantômes. L'horizon était fermé par une mer de ténèbres. Sur les murs de l'établissement thermal, les peintures rouges et brunes, de goût antique, s'écaillaient. En face, dans la salle basse de l'hôtel de César, M. Fellaire jouait aux dominos avec l'hôtelier. Longuemare, les pieds sur les chenets, fumait sa pipe. Il se tâta le poignet gauche avec le pouce droit, puis, se parlant tout bas à lui-même :

— Fièvre, murmura-t-il, tension et douleur aiguë dans l'hypocondre, toux, oppression, douleur sympathique dans l'épaule droite. Rien n'y manque : c'est une belle hépatite que j'ai là.

Et, pour la première fois depuis un an quatre mois et six jours, il sourit.

FIN

Le Chat Maigre

I

Les bourrasques de novembre fouettaient depuis trois jours le faubourg populeux, que les premières ombres de la nuit revêtaient déjà. Des flaques d'eau miroitaient sous les becs de gaz. Une boue noire, délayée par les pas des hommes et des chevaux, couvrait le trottoir et la chaussée. Les ouvriers, portant leurs outils sur le dos, et les femmes, revenant de chez le traiteur avec des portions de bœuf entre deux assiettes, marchaient sous la pluie en tendant le dos, dans la morne attitude des bêtes de somme.

Monsieur Godet-Laterrasse, serré dans ses vêtements noirs, montait avec le peuple la voie boueuse qui mène au faîte de Montmartre. Sous son parapluie qui, fatigué par d'anciens orages, palpitait au vent comme l'aile d'un gros oiseau blessé, monsieur Godet-Laterrasse portait haut la tête. Sa mâchoire étant proéminente et son front déprimé, sa face prenait sans peine une attitude horizontale et ses yeux pouvaient, sans se lever, voir, à travers les trous du taffetas, le ciel fuligineux. Marchant tantôt avec une hâte fébrile, tantôt avec une lenteur songeuse, il s'engagea dans un impasse noir et boueux, longea les lattes moisies de la charmille effeuillée qui borde l'établissement des bains, et, après un moment d'hésitation, entra dans une gargote où des gens vêtus comme lui, d'un drap noir, mince et fripé, mangeaient silencieusement dans une atmosphère de graisse tiède, compliquée d'une écœurante odeur de barèges, due au voisinage des bains.

Monsieur Godet-Laterrasse salua la dame du comptoir selon sa méthode, qui consistait à renverser la tête en arrière avec un sourire grave. Puis, ayant accroché à la patère son chapeau luisant et sillonné de cassures, il s'assit devant une petite table de marbre gras et lissa ses cheveux par le geste qui accompagnait d'ordinaire ses méditations. Le gaz, qui chantait en brûlant, éclairait les cheveux laineux de cet homme, sa face de mulâtre dont la peau, à demi lavée par la neige et l'eau des hivers d'Europe, semblait sale, et jusqu'à ses mains ridées, dont les ongles plats étaient marqués à l'extrémité de virgules laiteuses.

Sans appeler le garçon, sans regarder du côté du comptoir, il tira de sa poche un journal qu'il lut de très haut. Il interrompit à peine sa lecture pour manger de cette tête de veau qui avait déjà paru par portions devant tous les convives silencieux et résignés. Ceux-ci s'évanouissaient l'un après l'autre dans l'ombre et dans la pluie. Un seul, édenté et morne, s'attardait encore sur des raisins secs. Et le mulâtre, ayant vidé son carafon, au fond duquel restait un résidu de lie et d'écorce, s'essuya la bouche, plia sa serviette, mit son journal dans sa poche, contre sa poitrine, avec le geste d'un lutteur qui étreint son adversaire, se leva, décrocha son chapeau et fit un pas vers la porte. Il s'élançait déjà dans la nuit humide quand un petit homme violacé et tout suintant de graisse déboucha d'une porte bâtarde, noircie par des mains grasses, et s'avança dans la salle en boitant. Monsieur Godet-Laterrasse fit au patron du restaurant son salut en arrière.

— Bonjour, monsieur Godet, dit l'homme gras. Voilà un bien mauvais temps, et qui fait beaucoup de mal ! À propos, monsieur Godet, si vous pouviez demain me donner un petit acompte, vous me feriez plaisir. Je ne suis pas homme à vous tourmenter, vous le savez bien ; mais j'ai un fort paiement à faire cette semaine.

Monsieur Godet-Laterrasse répondit avec un accent à la fois oratoire et enfantin et sans prononcer les r, qu'on lui devait de l'argent, qu'il irait sans faute, le lendemain même, chercher une somme quelconque chez son éditeur ou au journal, qu'il ne savait vraiment pas comment il avait pu oublier la note du restaurateur, et que c'était une bagatelle.

L'homme gras ne parut pas ébloui par cette promesse. Il reprit d'un ton dolent :

— Ne m'oubliez pas, monsieur Godet. Bonsoir, monsieur Godet.

Et monsieur Godet-Laterrasse entra à son tour dans les ténèbres rayées de pluie, où s'étaient dissipés jusqu'au dernier les maigres pensionnaires de l'impasse *du Baigneur*. Tous les chemins de la terre étaient ouverts devant lui. Il prit celui des buttes, que la tempête assiégeait et que noyait une pluie obstinée. Un tourbillon de vent voulut déraciner le mulâtre ; un souffle traître prit son parapluie en dessous et le retourna brusquement. Monsieur Godet-Laterrasse rétablit la concavité première de cet appareil domestique ; mais le taffetas, rompu de toutes parts, flotta comme un drapeau noir sur l'armature dénudée. Monsieur Godet-Laterrasse gravissait, sous ce pavillon grotesque et sinistre, les roides escaliers du passage Cotin, changé en torrent. Il n'entendait que le claquement de ses semelles sur l'eau et les dialogues mystérieux des vents. Visibles pour lui seul, les ombres vagues d'un éditeur et d'un directeur de journal fuyaient bien loin devant lui. Il monta quatre-vingts marches et s'arrêta devant une petite porte sous une lanterne en potence qui clignait comme un œil malade et dont la poulie grinçait. Entré dans la maison, il glissa furtivement devant la loge du concierge.

Mais quelques coups frappés contre la cloison le rappelèrent. Il ouvrit la porte vitrée avec une sorte d'angoisse. Une voix aigre et sans sexe, sortie d'une alcôve, l'avertit qu'il y avait une lettre pour lui sur la commode.

Il prit la lettre, descendit cinq marches gluantes et entra dans sa chambre. Aux premières lueurs de sa bougie il examina d'un œil soupçonneux l'enveloppe de la lettre.

C'est que depuis longtemps la poste ne lui apportait rien d'heureux. Mais, quand il eut rompu le cachet et commencé de lire, il découvrit ses dents blanches par un sourire naïf. Sa nature enfantine, flétrie par la misère, s'égayait à la moindre clémence des choses. En ce moment-là, il était heureux de vivre.

Il retourna toutes ses poches pour recueillir une poussière de tabac mêlée de croûtes de pain et de flocons de laine dont il bourra sa pipe courte ; puis, s'étant coulé voluptueusement sous les draps sales de son lit-canapé, il se mit à chantonner à mi-voix la lettre qui l'avait fait sourire.

Cher monsieur,

Je suis de passage à Paris avec mon fils Remi que j'amène de Brest où il a fait ses études. J'ai songé à vous pour le préparer au baccalauréat. En éducation, comme dans le reste, je suis partisan des idées avancées. Voulez-vous venir déjeuner avec nous demain samedi à 11 heures, au Grand-Hôtel, pour nous entendre ?

Tout à vous.

A. Sainte-Lucie.

Monsieur Godet-Laterrasse, ayant terminé le chant de cette lettre, alluma sa pipe et s'enveloppa de fumée et de rêves. Quelle caresse de la fortune que cette lettre inattendue ! Il avait connu à Paris, vers la fin de l'Empire, chez quelque notabilité du monde démocratique, monsieur Sainte-Lucie, qui lui avait même rendu visite. « C'était, songeait le mulâtre, c'était du temps où j'écrivais des articles pour la *Grande encyclopédie universelle.* J'habitais alors une belle chambre meublée dans un hôtel de la rue de Seine. Et je dois même avoir encore la carte de cet aimable visiteur. » Étendant son bras maigre et brun, il saisit sur la cheminée une vieille boîte à cigares, pleine de papiers qu'il se mit à fouiller.

On avait, sans doute, en déménageant, renversé d'un coup dans cette boîte tout le contenu d'un tiroir lentement rempli, car les papiers qu'il trouva les premiers étaient les plus anciens. Il ouvrit une enveloppe qui ne lui rappelait que des souvenirs lointains et confus. « Ah ! songeait-il, c'est une lettre de mon pauvre frère qui vend du café à Saint-Paul. Il n'était pas attiré vers Paris, lui ; il n'était pas travaillé comme moi par l'Idée ! » Et M. Godet-Laterrasse lut au hasard :

« Tu as dû apprendre par les journaux qu'un cyclone a passé sur Bourbon et détruit toutes les plantations. Je me suis mis dans le guano. Et toi, écris-tu toujours des blagues dans les canards parisiens ?

— Le malheureux ! le malheureux, murmura monsieur Godet-Laterrasse, accoudé sur son oreiller. Et, déployant une autre lettre de la même main, il lut encore :

« *Je ne puis t'envoyer d'argent parce que les cafés ayant donné, j'ai dû employer tous mes capitaux disponibles à acheter ferme, pendant que le marché était encombré de produits à vil prix. J'ai fait une magnifique affaire. Tu comprendras donc qu'il m'est impossible de t'envoyer de l'argent. Durand, qui revient de Paris, m'a dit que tu donnais dans les réunions publiques et dans les émeutes des boulevards. Tu te feras casser la tête et tes amis diront que tu étais de la police. Quand tu seras fatigué de ton rôle de jobard, reviens à Bourbon. Tu garderas mes magasins. C'est un métier de paresseux qui te convient parfaitement.* »

— Garder ses magasins, quel blasphème ! s'écria monsieur Godet-Laterrasse.

Et il rejeta la lettre impie. Le fond de la boîte était bourré de convocations à des enterrements civils, de jugements et d'assignations, de factures et de petits papiers découpés dans des journaux. Sur un de ceux-là, au revers duquel était une annonce de pédicure avec un pied nu sur un tabouret, il relut ces lignes qui réveillèrent un sourire sur sa face naïve.

Un de nos plus vaillants esprits, un des plus hardis pionniers du progrès, monsieur Godet-Laterrasse, créole de la Réunion, met la dernière main à son grand livre : De la régénération des sociétés par la race noire. Un des principaux chapitres de cet important ouvrage paraîtra incessamment dans l'Entonnoir littéraire.

Hélas ! pensa monsieur Godet-Laterrasse, quand le chapitre allait paraître, l'*Entonnoir littéraire* mourut. Que de journaux périssent ainsi dans leur fleur !

Enfin, il trouva dans une poignée de cartes de visite la carte qu'il cherchait. Il la considéra attentivement et la relut :

ALIDOR SAINTE-LUCIE

AVOCAT,

Ancien ministre de l'Instruction publique et de la Marine, membre de la Chambre des députés, président de la Commission artistique haïtienne.

À Paris, au Grand-Hôtel.

Et, dans la fumée qui remplissait la chambre, monsieur Godet-Laterrasse se représenta le gigantesque mulâtre qui venait d'Haïti plein d'or et de sourires. Puis il souffla la bougie et s'endormit.

Ses rêves furent peuplés de spectres. L'ombre du cabaretier de l'impasse du Baigneur s'avançait en boitant et répétait avec une douceur terrible : « Pensez à moi, monsieur Godet. »

Il était près de neuf heures et il pleuvait encore quand une lueur de jour entra dans la chambre ; c'était le reflet dégoûtant d'une lumière plusieurs fois souillée avant d'arriver jusque-là. La chambre n'avait de vue que sur le mur de soutènement de la maison voisine, qui dominait de ses cinq étages de plâtre tous les toits du passage. Ce mur de moellon bombé, lézardé, crevé, suintant, verdâtre et terminé par la galerie de brique d'une terrasse à l'italienne, s'élevait de cinq ou six mètres au-dessus de la chambre de monsieur Godet-Laterrasse et la revêtait d'une ombre éternelle. La fenêtre n'était séparée du mur que par une allée marécageuse, large de deux pas, semée de feuilles de salades, de coquilles d'œufs et de débris de cerfs-volants. Le mulâtre, à son réveil, regarda les vitres ruisselantes et souleva ses bottes lourdes, dont les semelles avaient laissé une trace humide sur le parquet. Il les chaussa pourtant, et, ayant achevé sa toilette austère et saisi les ruines de son parapluie, il sortit de sa chambre. En passant devant la loge, d'où sortaient des grognements confus :

— Madame Alexandre, dit-il, je m'occupe de votre petit compte.

Il monta les dix plus hautes marches du passage Cotin, longea, dans un fleuve de boue, la façade désolée du chalet suisse et les chantiers de l'église du Vœu national. Au bas de la rue Lepic, il s'arrêta court pour ne pas marcher sur deux brins de paille collés en croix par la pluie au trottoir, devant la boutique d'un emballeur. Ayant conjuré ce péril (car il ne doutait pas que marcher sur une croix ne fût un présage de malheur), il reprit sa grandeur d'âme et releva sa tête sublime. Il s'avançait en conquérant intellectuel vers le cœur de Paris et portait haut l'armature à huit pointes de son parapluie dévasté, qui semblait l'arme compliquée d'un guerrier sauvage.

II

Monsieur Alidor Sainte-Lucie, fils d'un riche négociant de Port-au-Prince, fit son droit à Paris et retourna à Haïti pour assister au sacre de Soulouque, couronné empereur sous le nom de Faustin Ier. Homme de couleur et riche, il avait tout à craindre de Sa Majesté noire. Il alla bravement au-devant du danger et se fit remarquer au palais impérial par son zèle à soutenir la politique noire du souverain. Nommé procureur général près la cour impériale de Port-au-Prince, il fit fusiller sans méchanceté quelques-uns de ses concitoyens. Il accepta de l'empereur le portefeuille de l'instruction publique et celui de la Marine ; mais, voyant croître dans l'ombre une opposition énergique, il prit un congé et alla faire une promenade en France.

De Paris, il s'associa par de chaleureuses lettres à la révolution qui mit fin aux gaietés sanglantes de l'empire noir, et revint à Haïti, pour se faire nommer membre de la Chambre des députés. Son premier acte dans l'assemblée fut de déposer un projet « tendant » à l'érection d'un monument expiatoire consacré aux mânes des victimes de la tyrannie. Il y avait quelques-unes de ces victimes auxquelles l'ancien procureur impérial devait bien un tombeau.

Le projet fut pris en considération, la proposition votée et le citoyen Alidor Sainte-Lucie nommé président de la commission chargée de faire exécuter cette œuvre nationale. Monsieur Alidor comprit tout le parti qu'il pouvait tirer de cette présidence. Pour peu qu'on fusillât dans l'île, il prenait son passeport et s'en allait demander aux artistes de Paris quelques projets de monument expiatoire. Il adorait Paris, à cause des petits théâtres et des cafés politiques. Après vingt ans, la commission artistique fonctionnait encore.

Monsieur Alidor Sainte-Lucie était alors un très beau mulâtre, colossal et souple. Portant bien sa large face cuivrée, il avait, malgré son nez épaté, une grande mine, surtout depuis que le sommet de son front, dégarni de cheveux, brillait comme un bronze clair. Sans daigner rien dissimuler de sa robuste vieillesse, il portait, taillée de près aux ciseaux, sa barbe grisonnante. Soigneux de sa personne, il aimait les gilets blancs et les escarpins vernis, et s'imprégnait de parfums à la fois capiteux et fades.

C'est ainsi parfumé, et sa puissante encolure bien prise dans une jaquette de coupe anglaise, qu'il se promenait de long en large dans sa chambre d'hôtel, en attendant le précepteur, tandis que son fils crayonnait des bonshommes sur une couverture de livre et que le garçon de service dressait près du feu une table de trois couverts.

Les meubles étaient encombrés par les maquettes, les esquisses, les ébauches, les photographies, les plans, les épures, les lavis et les devis du monument commémoratif des victimes de la tyrannie. Il y avait sur la console une petite pyramide de plâtre peint, couverte de palmes d'or, et sur le secrétaire une colonne de terre cuite surmontée d'une espèce de singe ailé, avec cette inscription sur le socle : *Au Génie de la Liberté noire.* Une photographie posée sur la cheminée, contre la glace, représentait une négresse debout devant un sarcophage sur lequel elle déposait un rouleau de papier portant ces simples mots : *Commission artistique, Monsieur Sainte-Lucie président.* Rien de plus.

À terre, une main de fonte à demi ouverte, une main géante sortait d'un rideau comme d'une manche à sa taille et portait au poing cette étiquette : *Détail d'exécution. Projet 17. E. D.*

Trois petits pains dorés reposaient sur les serviettes. Monsieur Sainte-Lucie regarda la pendule. Soit que la croûte des pains vernis au blanc d'œuf eût réveillé ses appétits, soit qu'il craignît d'attendre, ses yeux de velours, qui tout à l'heure coulaient avec une si douce lumière sous leurs paupières un peu tendues, jetèrent subitement une lueur fauve. Mais ils redevinrent caressants quand monsieur Godet-Laterrasse apparut sous la portière écartée par le garçon de service. On ne vit d'abord qu'un menton surmontant une longue pomme d'Adam échappée d'une cravate de cotonnade blanche : Monsieur Godet-Laterrasse saluait.

— Mon fils, Remi, dit monsieur Sainte-Lucie en présentant le jeune homme, qui, consentant à laisser un croquis inachevé, s'approcha avec un déhanchement paresseux.

C'était un beau garçon d'un teint olivâtre très pur. Il roulait des yeux ennuyés et semblait tendre au hasard sa grosse bouche sensuelle.

On se mit à table. Monsieur Sainte-Lucie était deux fois plus large que monsieur Godet-Laterrasse. Le mulâtre d'Haïti avait un teint chaud et doré qui semblait plus riche encore auprès de cette couleur de suie mal essuyée dont l'autre était barbouillé. Le mulâtre de Bourbon était chétif, fripé, crotté. Mais l'expression d'emphase naïve et d'orgueil enfantin empreinte sur son visage inspirait pour lui cette pitié sympathique qui s'attache aux chiens savants et aux génies malheureux.

L'affaire qui les réunissait fut traitée entre les rognons sautés et les petits pois au sucre. Monsieur Godet-Laterrasse provoqua les explications.

— Eh bien ! mon ami, dit-il à son futur élève, en lui tapant sur l'épaule, nous allons donc prendre nos grades dans la vieille Université ?

Monsieur Alidor, ainsi amorcé, dit en émiettant son pain avec nonchalance :

— Comme je vous l'ai écrit, mon cher Godet, et, par parenthèse, j'ai eu du mal à trouver votre adresse. C'est Brandt... Vous savez, Brandt, le tailleur, qui l'a découverte par le plus grand des hasards. Il vous cherchait aussi à ce qu'il paraît.

— C'est possible, dit monsieur Godet-Laterrasse, en faisant dans le vide le geste d'écarter quelque chose.

— Comme je vous l'ai écrit, je compte sur vous pour préparer ce gaillard-là au baccalauréat, et en faire un homme.

Monsieur Godet-Laterrasse redressa son buste contre le dossier de sa chaise, plaça son visage horizontalement et dit :

— Avant tout, mon cher Sainte-Lucie, je dois vous faire ma profession de foi. Je suis inébranlable sur les principes. Je suis l'homme de fer qu'on brise mais qu'on ne plie pas.

— Je sais, je sais, dit monsieur Sainte-Lucie en continuant d'émietter son pain.

— L'éducation que je donnerai à monsieur votre fils sera une éducation essentiellement libre.

— Je sais, je sais…

— C'est le baccalauréat civique que je ferai passer glorieusement à notre Remi. Je préparerai en lui moins encore le lauréat de l'Université que le législateur de la République haïtienne. Et que m'importe, à moi, cette vieille fée pédante qu'on nomme l'Université !

L'ancien ministre, homme éloquent mais pratique, lui fit signe du sourcil de ne pas parler ainsi devant son élève. Mais le précepteur libre, emporté par la sublimité de ses propres idées :

— L'Université, s'écria-t-il, c'est le monopole ! L'Université, c'est la routine ! L'Université, c'est l'ennemie ! Guerre à l'Université !

Puis, posant la main sur l'épaule du jeune mulâtre, plus indifférent que surpris :

— Mon ami, si je vous prépare au baccalauréat, je vous enseignerai les vérités primordiales. Et quand, au sortir de mes mains, vous vous présenterez en Sorbonne devant les examinateurs, vous serez leur juge encore plus qu'ils ne seront les vôtres. Vous pourrez dire aux Caro et aux Taillandier : « J'ai des principes et vous n'en avez pas. C'est un homme de fer, c'est Godet-Laterrasse qui a formé mon esprit. » Ah ! ils me connaîtront un jour, ces messieurs !

Pendant ce discours, le jeune Remi, très tranquille, tirait subrepticement du sucrier des morceaux de sucre qu'il fourrait dans ses poches.

Monsieur Alidor était naturellement enclin à goûter l'éloquence ; une semblable préparation au baccalauréat lui semblait belle, mais périlleuse. Fort entêté par caractère, il ne démordit pas de son idée de confier son fils au créole de Bourbon.

— Remi, dit-il, en tirant nonchalamment un louis de sa poche, va chercher des cigares en bas, et dis que c'est pour moi.

Resté seul avec son hôte, il émietta encore son pain et resta silencieux. Il avait une façon spéciale de se taire qui était mystérieuse et imposante. Puis, de sa voix douce d'homme fort, il représenta au futur précepteur qu'il s'agissait d'une préparation au baccalauréat, c'est-à-dire d'une entreprise essentiellement pratique, que les programmes devaient être suivis à la lettre, et qu'en somme il était question de grec et de latin bien plus que de vérités primordiales.

— Parfaitement, parfaitement, répondit l'homme de fer.

Il lui fut demandé s'il avait déjà professé. Sa réponse fut vague. On dut toucher la question d'argent.

L'ancien ministre pria le précepteur d'accepter des appointements annuels de deux cents francs.

Mais monsieur Godet-Laterrasse, la tête totalement révulsée, fit le geste d'écarter ces bagatelles.

Remi revint avec des cigares. Un très bel homme svelte, et dont la barbe d'or descendait sur la poitrine, entra dans la chambre avec lui et n'ôta pas le petit chapeau mou qu'il portait en manière de toque sur sa nuque chevelue.

— Soyez le bienvenu, Labanne, dit monsieur Sainte-Lucie sans se lever. Voulez-vous un cigare ?

Mais Labanne, sans rien répondre, tira de sa poche une pipe d'ambre et d'écume et une blague aux armes de Bretagne. Puis, il fit le tour de la pièce et examina en connaisseur la photographie placée sur la cheminée. Enfin, jetant un regard de côté sur la colonne de terre cuite :

— Quel est, dit-il, le fumiste qui vous a fourni ce modèle de tuyau de poêle ?

Il se tourna ensuite vers la pyramide dorée, affecta la curiosité, cligna de l'œil et dit :

— On a oublié de faire une fente pour couler les sous.

Les autres ne comprenaient pas. Il ajouta :

— Dame ! Ça ne peut être qu'une tirelire, cette machine-là.

— Que voulez-vous ? répondit philosophiquement monsieur Sainte-Lucie. Je prends ce qu'on me donne. Vous ne m'apportez pas votre projet, vous, Labanne.

— J'y travaille, répondit le sculpteur. Pas plus tard qu'hier, j'ai lu dans un journal de médecine un article des plus curieux sur le *pigmentum* de la race noire. Et j'ai acheté ce matin, sur le quai Voltaire, chez un bouquiniste de mes amis, un traité de la constitution géologique des Antilles.

— Et pour quoi faire ? demanda monsieur Sainte-Lucie absolument dérouté, bien qu'il connût son homme.

— Si je veux exécuter mon projet de sculpture, répondit Labanne d'un ton dédaigneux, il faut qu'avant de toucher seulement à la glaise, j'aie lu quinze cents volumes. Tout est dans tout. C'est un procédé artificiel et coupable que de traiter isolément un sujet quelconque… Tiens ! vous voilà, Godet ! par quel hasard ? Je ne vous avais pas aperçu.

Le mulâtre de Bourbon, accoudé à la tablette de la cheminée et la main droite passée entre deux boutons de sa redingote, sourit amèrement.

Le sculpteur, ayant allumé sa pipe, poursuivit :

— Je ne suis pas une force de la nature, une force brute, moi. Je ne suis pas comme l'oiseau qui a pondu ce singe-là (et il désignait du tuyau de sa pipe le Génie de la Liberté noire). Je suis une intelligence, une conscience, et je mets une pensée dans ma sculpture.

Monsieur Alidor Sainte-Lucie approuva de la tête. Mais il insista pour obtenir du sculpteur un simple croquis, une esquisse qu'il voulait soumettre à la commission. Il devait partir pour Haïti dans une huitaine de jours.

Labanne, couché sur le canapé, était perdu dans une méditation profonde.

Enfin, après avoir secoué la cendre de sa pipe et craché sur le tapis, il contempla la rosace du plafond et dit :

— De quel droit créons-nous des êtres imaginaires ? Phidias ou Michel-Ange ou Machin fait une figure qui à l'apparence de la vie, qui s'impose aux yeux, qui pénètre les imaginations. C'est l'Athènè du Parthénon, le Moïse ou la Nymphe d'Asnières. On en parle, on en rêve. Et voilà un être de plus dans le monde ! Que vient-il y faire ?

Il vient perturber les intelligences, corrompre les cœurs, égarer les sens et se moquer du public. Toute œuvre d'art, toute création du génie humain est une dangereuse illusion et une tromperie coupable. Les sculpteurs, les peintres et les poètes sont des menteurs magnifiques et des coquins sublimes, rien de plus. Moi qui vous parle, j'ai été pendant six mois amoureux comme une bête de l'Antiope du Salon carré. C'est-à-dire que, pendant six mois, ce scélérat de Corrège s'était moqué de moi.

Connaissez-vous mon ami Branchut, le moraliste ? Il est laid, mais il l'ignore. Il est pauvre et plein de génie. Il sait le grec à faire l'étonnement des cafés et il a lu Hégel. Il vit d'un petit pain et boit aux bornes-fontaines. Ayant terminé son repas d'oiseau, il écrit des choses sublimes dans les jardins publics ou, s'il pleut, sous les portes cochères. Il vient, quand il y pense, coucher dans mon atelier. Il écrivit même, une nuit, sur la muraille, un commentaire très subtil et très savant du *Phédon.* Tel est Branchut. L'an passé, je lui prêtai un habit et je le conduisis chez une princesse russe dont j'avais dû faire le buste. Mais elle voulait ce buste en marbre et je ne le voyais qu'en bronze. On ne peut réaliser que ce qu'on voit et le buste ne fut pas fait. La princesse cherchait un professeur de littérature pour sa fille Fédora, qui était très belle. Je proposai Branchut, qui fut agréé. Sur ma recommandation et sur sa mauvaise mine, on lui paya un mois d'avance. Il s'acheta deux chemises, loua une chambre en garni et connut le cervelas. À la sixième leçon, tandis qu'il expliquait le mécanisme de l'épopée homérique, il pinça furieusement à la taille mademoiselle Fédora, qui s'enfuit en poussant des cris aigus. Le moraliste attendit, prêt à réparer sa faute. Il eût épousé sa noble élève, s'il eût fallu. Mais on le jeta à la porte. Je le trouvai le soir dans mon atelier. « Hélas ! s'écria-t-il en pleurant, c'est Saint-Preux qui m'a perdu. Ô Julie ! Ô Jean-Jacques ! » — Ainsi donc, Rousseau n'avait écrit son roman magnifique et passionné et n'avait créé sa

« *Julie, amante faible et tombée avec gloire* »

que pour faire faire une sottise à mon ami Branchut, le moraliste.

Monsieur Alidor Sainte-Lucie contint un bâillement. Son fils, les deux poings dans les joues, écoutait comme au théâtre. Monsieur Godet-Laterrasse, l'œil ardent et la poitrine bombée, préparait une réplique foudroyante. Mais Labanne se leva, s'approcha du guéridon, y prit un numéro de journal et, tandis qu'il en déchirait un morceau pour rallumer sa pipe, il suivait de l'œil, avec son instinct de grand liseur, les lignes imprimées.

— Dites donc, Sainte-Lucie, demanda-t-il, est-ce que vous croyez à la démocratie, vous ?

À ces mots, monsieur Godet-Laterrasse fit, en se redressant, le bruit sec d'un pistolet qu'on arme. Mais l'ancien ministre ne répondit que par un sourire énigmatique.

Labanne fit sa profession de foi. Il aimait les aristocraties. Il les voulait fortes, magnifiques et violentes. Elles seules, disait-il, avaient fait fleurir les arts. Il regrettait les mœurs élégantes et cruelles d'une noblesse militaire.

— Quelle époque mesquine que la nôtre ! ajouta-t-il. En privant la politique de ses deux attributs nécessaires, le poignard et le poison, vous l'avez rendue innocente, niaise, bête, bavarde et bourgeoise. Faute d'un Borgia, la société se meurt. Vous n'aurez ni statues de style, ni palais de marbre, ni courtisanes éloquentes et magnanimes, ni sonnets ciselés, ni concerts dans des jardins, ni coupes d'or, ni crimes exquis, ni périls, ni aventures. Vous serez heureux platement, bêtement, à en crever. Ainsi soit-il !

Depuis quelques instants, monsieur Godet-Laterrasse faisait des petits mouvements saccadés, comme un homme qui se contient mal.

— À merveille ! s'écria-t-il, à merveille ! Vous avez beaucoup d'esprit, monsieur Labanne. Mais, sachez-le : il y a des railleries qui sont des blasphèmes.

Il prit son chapeau, serra la main à son élève et entraîna dans l'antichambre monsieur Alidor, à qui il avait quelques mots à dire.

Labanne entendit tinter de l'argent et monsieur Alidor reparut.

— Quel naïf ! lui dit Labanne. Mais il n'est pas méchant.

— Chut !... fit l'autre. Et il dit quelques mots à l'oreille de Labanne, qui répondit :

— Si j'avais prévu que vous eussiez besoin d'un précepteur, je vous aurais envoyé mon ami Branchut, le moraliste. Je retourne au *quartier*. Adieu.

Il désignait ainsi le quartier par excellence, le quartier Latin.

Monsieur Sainte-Lucie pria le sculpteur d'indiquer à Remi, qui ne connaissait pas Paris, un hôtel convenable, dans les environs du Luxembourg.

Déjà Labanne, qui caressait sa barbe rutilante, et Remi dont la taille, par un caractère de race, semblait dévissée, descendaient côte à côte l'escalier doré de l'hôtel, quand M. Sainte-Lucie, penché sur la rampe, rappela son fils et lui dit :

— Je t'avertis de suite, de peur de l'oublier, que très probablement je n'irai pas voir le général Télémaque. Mais en lui rendant visite tu ne me déplairas nullement et tu feras plaisir à ta mère. Télémaque demeure à Courbevoie, près de la caserne. Adieu, adieu.

III

Remi se rappelait très vaguement sa maison natale de Port-au-Prince, cet hôtel seigneurial, de Style Louis XVI, plein de Statues mutilées et d'emblèmes effacés à demi, ce vestibule crevé, effondré, planté de bananiers, ces lourds fauteuils d'acajou à têtes de sphinx dans lesquels il dormait à l'ombre, dans le grand silence du midi ; la ville basse, lumineuse, bigarrée, amusante comme un grand bazar, et le magasin de la marraine Olivette. Que de fois, caché derrière des caisses, il avait volé à la négresse des bananes ou des sapotilles ! Il se rappelait sa mère, dont les yeux de braise, le nez impérieux, la bouche avide et la magnifique poitrine de bronze, s'échappant d'un corsage de mousseline blanche, avaient imprimé leur image dans la mémoire de l'enfant. Que de fois il l'avait vue, empreinte d'un parfum violent, la tête renversée en arrière et les yeux noyés, exaspérer par quelque réponse brève et dédaigneuse M. Alidor, qui un jour se jeta sur elle en grinçant des dents et abattit sa canne sur les plus belles épaules des Antilles.

Mais Remi avait vu bien d'autres choses. Il avait vu le bombardement et l'incendie de Port-au-Prince, les pillages, les massacres, les exécutions et encore des massacres et des exécutions. Il avait vu sa marraine Olivette gisant assommée au milieu de ses tonneaux défoncés, entre ses assassins ivres morts de whisky.

C'est vers cette époque qu'ayant fait une longue traversée, il débarqua un soir dans une ville magnifiquement éclairée. La France lui plut tout d'abord. Il fut mis, à Nantes, dans une pension de la rue du Château ; là, il traîna de banc en banc, en grelottant sans cesse, une vie monotone et ennuyée. Pendant les longues études, il suçait des dragées et dessinait des caricatures. Chaque jeudi et chaque dimanche de l'année, les élèves, déroulés deux de front en longue file, faisaient une promenade sous les vieux ormeaux de la Fosse, au bord de la Loire, large et blonde. Il n'aimait pas ces courses au vent et à la pluie. Pour s'en dispenser, il se faisait admettre par ses grimaces à l'infirmerie, où il se pelotonnait sous ses couvertures comme un boa dans une vitrine de muséum. Mais il avait un jarret d'acier pour sauter par-dessus les murs de l'établissement et courir acheter à l'autre bout de la ville du rhum avec lequel on faisait un punch, la nuit, dans le dortoir. Il prit ses études en douceur, fit sur ses cahiers le portrait de tous ses maîtres, passa en rhétorique, n'y apprit rien, y oublia tout, fut expédié à Paris et confié aux soins de M. Godet-Laterrasse.

Or, M. Sainte-Lucie était en mer depuis trois semaines et le précepteur avait déjà commencé son œuvre pédagogique en promenant son élève sur des impériales d'omnibus du boulevard Saint-Michel aux buttes Montmartre et de la Madeleine à la Bastille. Puis il avait disparu pendant huit jours. Remi, installé par Labanne sous les toits d'un fort bon hôtel de la rue des Feuillantines, se levait à midi, s'en allait déjeuner, se promenait au soleil, en contemplant, par un reste de génie sauvage, les verreries étalées aux devantures des boutiques, et, vers cinq heures, buvait à petites gorgées son vermouth gommé. Il avait un peu oublié son précepteur, absent depuis huit jours, quand le matin du neuvième, il reçut, par télégramme de M. Godet-Laterrasse, rendez-vous pour deux heures sur le pont des Saints-Pères.

Il gelait ce jour-là, et une bise très âpre soufflait sur la Seine. Remi, abrité côte à côte avec un gardien de Paris contre le soubassement de fonte d'une des quatre statues de plâtre, faisait le gros dos et, dans son ennui, allongeait parfois le cou pour voir décharger sur le pont Saint-Nicolas une cargaison de cornes de bœufs. Il attendait depuis une demi-heure et se disposait à gagner le café le plus proche, quand M. Godet-Laterrasse, débouchant du guichet du Louvre, apparut, un portefeuille sous le bras.

— Je vous ai donné rendez-vous aujourd'hui, dit-il à Remi, pour acheter avec vous les livres fondamentaux. Je ne m'inquiète pas des Virgile et des Cicéron dont vous pourrez avoir besoin et que vous trouverez sans peine chez les bouquinistes de la rue Cujas. Je ne veux m'occuper que des livres importants d'après lesquels vous formerez votre conscience d'homme et de citoyen.

Ils atteignirent bientôt le quai Voltaire et entrèrent dans une boutique de librairie.

— Avez-vous les ouvrages de Proudhon, de Quinet, de Cabet et d'Esquiros ? demanda M. Godet-Laterrasse.

La librairie avait ces ouvrages-là. Il en fit, sous les yeux mêmes des acheteurs, un paquet que Sainte-Lucie voyait avec stupéfaction monter comme une tour.

— Monsieur, dit-il candidement au libraire, qui déjà croisait les ficelles, monsieur, ajoutez donc au ballot deux ou trois romans de Paul de Kock. J'en ai commencé un à Nantes qui m'a bien amusé. Mais mon maître d'études me l'a pris.

Le libraire répondit d'un ton digne qu'il ne « tenait » pas de romans, et il se disposait à nouer les ficelles, quand M. Godet-Laterrasse l'arrêta. Il avait réfléchi ; il empruntait à son élève les deux premiers volumes de l'Histoire de France, de Michelet, pour y faire une recherche. Ils se donnèrent une poignée de main sur le trottoir. Puis, M. Godet-Laterrasse s'écria, en grimpant sur son omnibus :

— Piochez le Quinet ce soir ! hardi !

Un instant sa silhouette noire domina l'impériale ; puis elle se confondit avec les profils des hommes ordinaires qui voyageaient assis sur la double banquette.

Le soir était venu. Remi, peu disposé à regagner sa chambre où les livres fondamentaux devaient l'attendre, s'achemina sur le boulevard Saint-Michel, vers Bullier. Il atteignait déjà la porte mauresque du bal public où des étudiants, des commis de magasin et des filles entraient en foule devant un demi-cercle d'ouvriers et d'ouvrières attentifs, quand il aperçut de l'autre côté de la chaussée, sous un réverbère, la barbe d'or de Labanne. Malgré le givre qui poudroyait les arbres, et le vent qui fouettait la flamme du gaz, le sculpteur lisait un article de journal.

Sainte-Lucie s'approcha du liseur.

— Excusez-moi de vous interrompre, dit-il ; car ce que vous lisez doit être bien intéressant.

— Pas du tout, répondit Labanne en mettant le journal dans sa poche. Je lisais machinalement quelque chose d'assez bête. Venez-vous avec moi au *Chat Maigre ?*

Ils s'arrêtèrent à l'endroit le plus resserré, le plus gras, le plus noir, le plus fumeux et le plus nauséabond de la rue Saint-Jacques et entrèrent dans une boutique couverte de petites tables, et dont le fond était formé par un châssis vitré et tendu de rideaux blancs. Sur les murs, sur le châssis, sur le plafond même, il y avait des peintures. C'étaient, pour la plupart, des esquisses heurtées et violentes dont les tons vifs papillotaient sous le scintillement de deux becs de gaz, dans une épaisse atmosphère de fumée de pipe. Sainte-Lucie, qui aimait beaucoup les images, remarqua, en entrant, les toiles les plus voyantes, un corbeau dans la neige, une vieille femme nue, la tête en bas, un aloyau de bœuf dans un journal, et surtout un chat de gouttière découpant entre les tuyaux de cheminée, sur la lune énorme et rousse, sa maigre silhouette noire, arquée comme un pont du moyen âge. Cette œuvre, d'un jeune maître impressionniste, servait d'enseigne à l'établissement. Des jeunes gens buvaient et fumaient autour des tables.

Une petite femme grasse, coiffée avec soin et dont le tablier blanc à bavette se gonflait comme une voile, regarda Labanne avec la vivacité tendre de ses yeux dans lesquels quelques grains de poudre à canon semblaient pétiller sans cesse. Elle réclama au sculpteur le chat de terre cuite qu'il avait promis d'offrir pour être mis à la devanture entre les plats de choucroute et les saladiers de pruneaux.

— Je songe à votre matou, ô nourrissante Virginie, répondit Labanne, mais je ne le vois pas encore assez maigre et assez famélique. D'ailleurs, je n'ai encore lu que cinq ou six volumes sur les chats.

Virginie, résignée à une longue attente, assura Labanne qu'il était bien aimable d'amener un nouvel ami, dit que M. Mercier et M. Dion étaient là, et disparut derrière le châssis vitré, dans le voisinage d'une fontaine, car on l'entendit bientôt rincer des verres.

Les nouveaux venus s'assirent devant une table déjà occupée par deux buveurs auxquels Sainte-Lucie fut aussitôt présenté. Le créole sut bientôt que M. Dion, très jeune, mince et blond, était poète lyrique, et que M. Mercier, petit, noir, le nez chaussé de lunettes, était quelque chose de très vague et de très important. Il faisait chaud dans la brasserie, et Sainte-Lucie, se sentant tout à son aise, sourit, et sa grosse bouche s'épanouit, tandis que Virginie, l'observant de son œil offensif, à travers la cloison, le trouvait très beau et très distingué, et admirait ses joues mates et claires, semblables au métal des casseroles qu'elle récurait si bien. Comme les amoureuses qui vieillissent, Virginie était très propre.

Le poète Dion demanda à Labanne, avec une douceur en même temps fade et aigrie, ce que devenait l'évêque Gozlin.

On parlait beaucoup, en effet, depuis quelque temps, au *Chat maigre*, d'une Statue de l'évêque Gozlin commandée, disait-on, au sculpteur Labanne, pour une des niches du nouvel hôtel de ville. Labanne admettait, sans preuve, que la commande lui était donnée, mais il ne voyait pas l'évêque Gozlin debout dans une niche. Il ne le voyait qu'assis dans sa chaire épiscopale.

Sainte-Lucie but un verre de bière.

— Vous savez, dit le jeune Dion, que nous fondons une revue. Mercier m'a promis un article. N'est-ce pas, Mercier ? Vous nous ferez les beaux-arts, vous, Labanne. Monsieur Sainte-Lucie, j'espère que vous nous donnerez aussi quelque chose. Nous comptons sur vous pour la question coloniale.

Sainte-Lucie, qui avait vu tant de choses, ne s'étonnait pas. Il buvait, il avait chaud, il était heureux.

— Je suis désolé de ne pas pouvoir vous rendre le service que vous me demandez, répondit-il. Mais je viens de Nantes, où j'étais en pension, et je ne suis pas au courant de la question coloniale. D'ailleurs, je n'écris pas.

Dion fut stupéfait. Il ne comprenait pas qu'on pût ne pas écrire. Mais il songea que les créoles étaient des gens étranges.

— Pour moi, dit-il, je donnerai dans le premier numéro mon *amour fauve*. Vous connaissez mon *amour fauve* ?

Très vieux, ployé, flétri par d'anciennes détresses,
Je veux errer sans fin dans la nuit de tes tresses.

— C'est vous qui avez fait cela ? s'écria Sainte-Lucie avec un enthousiasme sincère. C'est très beau !

Et il vida sa chope. Il était ravi.

— Mais avez-vous des fonds pour votre revue ? demanda le sceptique Labanne.

— Certainement, répondit le poète. Ma grand'mère m'a donné trois cents francs.

Labanne était réduit au silence. D'ailleurs, il feuilletait quelques bouquins qu'il avait achetés dans la journée sur les étalages des parapets.

— Ce volume est très curieux, disait-il en contemplant un petit livre à tranches rouges. C'est un traité de Saumaise — *Salmasius,* — sur l'usure —*de usuris.* Je le donnerai à Branchut.

Alors on songea que Branchut n'était pas venu ce soir au Chat-Maigre.

— Comment va-t-il, ce pauvre Branchut du Tic ? demanda le poète Dion. Tombe-t-il encore aux pieds des princesses russes ? Il faut qu'il nous donne un article pour la revue.

Sainte-Lucie demanda à Labanne si ce M. Branchut du Tic était bien le professeur de littérature dont il avait été question un jour au Grand-Hôtel.

— Celui-là même, jeune homme, dit Labanne. Vous le verrez. Sachez qu'il s'appelle simplement Claude Branchut. Son nez, fort long, d'ailleurs, est agité de frissons nerveux et affecté d'un mouvement ondulatoire des plus étranges : de là le surnom que nous lui avons donné. D'ailleurs, Caton d'Utique et Branchut du Tic sont deux stoïciens.

— Monsieur Sainte-Lucie, dit le poète, je vais vous lire mes vers, pour que vous puissiez me faire toutes vos critiques avant l'impression.

— Non ! non ! s'écria Mercier, dont le petit visage rond se contracta sous ses lunettes. Vous lui lirez vos vers quand vous serez seuls.

Alors la conversation s'engagea sur l'esthétique. Dion considérait la poésie comme la langue « naturelle et primordiale. »

Mercier répondit avec aigreur :

— Ce n'est pas le vers, c'est le cri qui est la langue primitive et naturelle. Les premiers hommes ne se sont pas écriés :

Oui, je viens dans son temple adorer l'Éternel.

— Ils disaient : hou, hou, hou ! ma, ma, ma ! couic ! D'ailleurs, êtes-vous mathématicien ? Non. Eh bien, il est inutile de discuter avec vous. Je ne discute qu'avec un adversaire qui sait la méthode mathématique.

Labanne affirma que la poésie était une monstruosité sublime, une maladie magnifique. Pour lui, un beau poème était un beau crime, rien autre chose.

— Permettez, répliqua Mercier en rajustant ses lunettes. Jusqu'où avez-vous poussé l'analyse mathématique ? Je verrai d'après vos réponses si je puis argumenter avec vous.

Sainte-Lucie se disait, en vidant une nouvelle chope :

— Mes nouveaux amis sont très singuliers, mais très agréables.

Toutefois, comme il ne comprenait littéralement rien à la discussion, qui devenait très vive, il abandonna le fil embrouillé des discours et promena sur la salle des regards naïfs et hardis. Il aperçut contre la porte vitrée du châssis les yeux chargés d'amour que la grosse Virginie fixait sur lui en essuyant ses mains rouges.

Il songea :

— C'est une femme très agréable.

Ayant bu un nouveau bock, il se confirma dans cette idée et dans cette sensation.

La brasserie s'était vidée peu à peu. Les fondateurs de la revue restaient seuls autour des soucoupes qui s'élevaient sur la table en deux piles semblables à deux tours de porcelaine dans une ville chinoise.

Virginie se préparait à abaisser les lames de tôle de la devanture, quand la porte s'ouvrit pour laisser entrer un long personnage blême, vêtu d'une très courte jaquette d'été dont il avait relevé le collet. Il projetait en avant de lui des pieds énormes, plats et lamentablement chaussés.

— C'est Branchut ! s'écria le comité. Comment vous portez-vous, Branchut ?

Mais Branchut restait sombre.

— Labanne, dit-il, vous avez emporté, par mégarde, j'aime à le croire, la clef de votre atelier, et, faute de vous rencontrer en ce lieu, j'eusse indubitablement passé la nuit dehors.

Branchut parlait avec une élégance cicéronienne. Tandis que, possédé d'un tic nerveux, il roulait des yeux terribles et remuait le nez de la racine aux ailes, il faisait couler de sa bouche des sons doux et purs.

Labanne donna sa clef et s'excusa. Mais Branchut ne voulut boire ni bière, ni café, ni cognac, ni chartreuse. Il ne voulut rien boire.

Dion lui ayant demandé un article pour sa revue, le moraliste se fit longtemps prier.

— Prenez, dit Labanne, son commentaire du *Phédon* qui est écrit tout au long au fusain sur le mur de mon atelier. Vous le ferez copier, à moins que vous ne préfériez porter mon mur chez l'imprimeur.

Branchut promit l'article quand on cessa de le lui demander.

— Ce sera, dit-il, une étude d'un genre particulier sur les philosophes.

Il toussa de la toux des orateurs, prit un verre vide, le posa devant lui et poursuivit lentement :

— Voici mon point de vue. Il y a deux sortes de philosophes : ceux qui se placent derrière ma chope, comme Hégel, et ceux qui se placent entre ma chope et moi, comme Kant. Vous comprenez le point de vue.

Dion comprenait le point de vue. Branchut put continuer :

— Quand, dit-il, un philosophe est derrière ma chope, savez-vous ce que je fais ?...

À ce moment, ayant baissé un des becs de gaz et éteint l'autre, Virginie avertit ces messieurs qu'il était minuit et demi et qu'il fallait sortir. Branchut, Mercier et Labanne passèrent l'un après l'autre en se courbant sous la fermeture déjà abaissée. Sainte-Lucie, resté seul dans la boutique obscure, saisit Virginie par la taille et lui donna trois ou quatre baisers, au petit bonheur, sur le cou et sur l'oreille. Virginie résista un moment, puis elle se répandit et se fondit dans les bras du mulâtre.

Cependant, Branchut, sur le trottoir, disait à Labanne :

— Est-ce ma chope que je prendrai pour la mettre derrière le philosophe ? Non. Est-ce le philosophe que je prendrai pour ?...

— Vous ne venez donc pas, Sainte-Lucie, criait le poète Dion, qui comptait réciter au créole des vers tout le long du chemin.

Mais Sainte-Lucie ne répondit pas.

IV

Ce matin-là, il neigeait. Les bruits étouffés des voitures venaient mourir sourdement contre les vitres du Chat Maigre. Un reflet livide éclairait durement les toiles pendues aux murs et donnait aux figures peintes des aspects de cadavre. Remi, assis dans la boutique déserte, devant une petite table, dévorait un bifteck aux pommes de terre, tandis que Virginie, debout devant lui, immobile, les mains jointes sur son tablier blanc, le contemplait avec des yeux de sainte.

— Il est tendre, n'est-ce pas ? disait-elle avec effusion. En avez-vous assez ? Il y a encore à la cuisine une belle tranche de rosbif froid ; la voulez-vous ? Vous ne buvez pas !

Il mangeait, il buvait et elle le contemplait pieusement. Elle disait :

— Je vous ai donné ce gruyère ; il pleure ; il est bon. M. Potrel aimait beaucoup le gruyère qui pleure.

Et Remi mangeait. Virginie lui servit encore des fruits et des compotes. Puis, s'étant longtemps absorbée dans une contemplation mystique, elle soupira :

— Peut-être que j'ai eu tort d'agir comme je l'ai fait. Vous serez comme les autres, monsieur Sainte-Lucie. Les hommes se ressemblent tous. Mais moi, je ne suis pas une femme comme on en voit tant. Quand je m'attache, c'est pour la vie. Je vous ai dit comment Potrel avait agi envers moi. De bonne foi, était-ce une conduite à tenir ? Un homme à qui j'ai rendu tous les services imaginables... Je lui raccommodais son linge ; je me serais jetée au feu pour lui. Il avait de l'esprit, du talent, et tout. Mais ce n'est qu'un ingrat !

Et les yeux affligés de la dame se levaient vers le tableau du Chat Maigre, comme pour le prendre à témoin de l'ingratitude de Potrel.

Son ample poitrine se souleva, ses trois mentons tremblèrent ; elle ajouta d'une voix étouffée :

— Et dire que je ne sais pas si je ne l'aime pas encore ! Si tu m'abandonnais aussi, toi, je ne sais pas ce que je ferais. Viens ce soir, mon chéri... Qu'est-ce qu'il faut vous servir, messieurs ?

Cette dernière phrase, jetée avec un sourire, s'adressait à deux consommateurs qui venaient d'entrer.

Sainte-Lucie était heureux. Il venait d'être largement refusé au baccalauréat. Mais il se chauffait à tous les poêles amis, riait de son gros rire sensuel, s'amusait de voir et d'entendre et ne s'inquiétait de rien. La faveur mal dissimulée que lui accordait Virginie lui avait valu le respect des hôtes du Chat Maigre. Les femmes marquent d'un signe les hommes qu'elles choisissent.

L'atelier de Labanne lui était plus agréable encore que la chambre de Virginie. Mais le poêle n'était jamais allumé. Remi en était fâché, car il dessinait un peu et commençait à peindre. Labanne disait :

— Ce gaillard-là a l'instinct du dessin. Il n'a pas d'idées, mais il a de la main. Je crois décidément qu'il faut être bête comme Potrel pour modeler aussi bien que lui.

M. Godet-Laterrasse essayait bien de ressaisir son élève. Il descendait parfois, vers midi, des hauteurs de Montmartre sur l'impériale d'un omnibus, il entrait haletant dans la chambre de son élève et s'écriait :

— Piochons le Tacite ! Courage !

Il disait avec emphase : *Nox eadem Britannici necem atque rogum conjunxit.* Puis il s'embarrassait dans quelques difficultés grammaticales et s'en tirait par des considérations très vagues sur le grand écrivain qui marqua d'un fer rouge, disait-il, le front des tyrans.

La leçon ainsi terminée, il se levait et, saisissant par un geste noble deux ou trois volumes de Proudhon ou de Quinet, qui dormaient intacts sur la commode, il les mettait sous son bras en disant qu'il voulait y faire quelques recherches. Remi ne les revoyait plus jamais. Au bout de quelques mois, il ne restait de l'énorme paquet que quelques tomes dépareillés. Remi les prit un jour et alla les vendre à un libraire de la rue Soufflot. Il ne fut plus jamais question des livres fondamentaux.

V

Le temps coula. M. Godet-Laterrasse venait quelquefois donner une leçon à son élève. Le Chat Maigre n'emplissait pas toute l'âme de Remi, qui restait volontiers dans sa chambre à croquer des friandises exotiques, achetées chez un épicier créole de la rue Tronchet. Depuis que le temps était doux, Remi ouvrait, chaque matin, sa fenêtre et regardait dans la rue. Il prenait plaisir à voir trotter les chevaux, qui lui apparaissaient minces d'encolure, longs de corps et gros de croupe. Il ne voyait des femmes qui passaient tout en bas, devant la porte de l'hôtel, que la coiffe du chapeau, les cheveux et la jupe bouffant en arrière, et parfois le ventre sous le menton. Il remarquait les balancements gracieux ou les dandinements comiques de toutes ces créatures qui suivaient leur chemin facile ou ardu. Il s'amusait à ces aspects fuyants de la vie et ne gâtait son spectacle par aucune réflexion. Car aucune pensée profonde n'avait encore germé sous sa chevelure épaisse. Ce qui l'intéressait le plus, c'était la maison qui étalait devant lui sa façade de pierre neuve, percée de cinq fenêtres par étage. Il apercevait par les croisées entr'ouvertes des pans de papier peint, des boiseries de salle à manger, des bouts de cadres dorés et des coins de meubles. Tout cela, diminué par la distance (car la rue était large), prenait pour lui les dimensions et l'agrément d'un joujou. Les personnages qui s'agitaient dans ces cases lui semblaient des poupées d'une merveilleuse finesse. Il suffisait d'une tête effarée, apparue tout à coup sur le toit, par une lucarne, et présentant au soleil un crâne chauve ou des yeux clignotants, pour jeter le créole dans une longue gaieté et lui inspirer des douzaines de croquis qu'il déchirait. En quelques jours il connut tout le petit monde qui s'agitait à quelques mètres de sa fenêtre, dans la grande ruche de pierre. Sur le balcon du cinquième étage, un capitaine en retraite (c'en devait être un) semait des graines dans une caisse. Aux étages moyens les gens de service exposaient des tapis de fourrure sur la barre d'appui des fenêtres. Parfois, Remi voyait un balai passer devant les meubles endormis sous des housses contre les panneaux blancs. Au rez-de-chaussée, un commis d'agence écrivait sans relâche debout devant un haut pupitre.

Mais le regard de Remi plongeait de préférence dans les chambres du quatrième. Il n'y voyait jamais rien d'étrange ni de mystérieux ; rien de voluptueux, rien qui pût faire monter le sang aux tempes d'un jeune homme. Les fenêtres du quatrième étage n'étaient remarquables que par une cage de serins et un très petit pot de fleurs. L'appartement que ces fenêtres éclairaient était occupé par une dame sur le retour, lente et active, très calme, et dont le visage placide apparaissait de fenêtre en fenêtre, couronné par des restes de beaux cheveux qui laissaient sur le haut de la tête une raie blanche trop large. Sa fille, encore enfant et portant des robes courtes, avait les beaux cheveux de sa mère, mais d'un blond plus clair et plus lumineux, abondants et riches et séparés en deux masses par une ligne très fine. Elle s'agitait comme un garçon et ne savait que faire de ses bras et de ses jambes.

Remi entra, sans s'en apercevoir, dans l'intimité de ces deux personnes et s'intéressa aux travaux monotones de leur existence. Il savait l'heure des repas et des leçons, le temps d'aller en promenade et celui de rentrer la cage des oiseaux, les jours où l'on s'armait de cahiers et de livres pour se rendre au cours. Il savait que ces dames sortaient chaque dimanche à onze heures avec un livre d'église à la main. Tous les autres jours de la semaine, à dix heures du matin, la jeune fille s'asseyait devant le piano dont la poignée de cuivre brillait près de la fenêtre dans le salon doré. Remi voyait deux petites mains rouges, deux mains de fillette, courir brusquement sur les touches et faire des gammes qu'il n'entendait pas. Mais on ne restait point de longues minutes assise sur le tabouret devant l'instrument. On se mettait à la fenêtre et, quand elle était close, on soulevait le rideau blanc, on regardait dans la rue avec une candide audace et on appuyait contre la vitre un petit nez dont le bout blanchissait en s'aplatissant ; puis on disparaissait ainsi qu'on avait paru, sans raison bien appréciable, comme un oiseau s'envole. La mère et la fille avaient toutes deux des yeux d'enfant, ouverts et limpides, des yeux sans rêve et qui semblaient dire : « Rien n'a troublé, rien ne troublera notre paix affectueuse. » La mère, veuve sans doute depuis longtemps, montrait la plus parfaite quiétude. Sa bonté de femme grasse se devinait à ses gestes doux sans caresse et à sa vigilance sans trouble. Mademoiselle était brusque. Mademoiselle ne s'avisa-t-elle pas un jour d'ouvrir la fenêtre, de se pencher sur le balcon et de faire des signes à deux de ses compagnes de catéchisme ou de cours, qui passaient dans la rue ? Elle ne parut pas confuse du tout quand sa mère la fit rentrer dans la chambre et envoya, comme le comprit Remi, la bonne à la recherche des deux demoiselles, qui montèrent et se dirent des choses sans doute fort gaies, car elles riaient toutes trois à grands éclats. Et leur rire venait, à travers la large voie, aux oreilles de Remi, comme un bruissement à peine perceptible de perles remuées.

Remi longeait, chaque matin, le Luxembourg, dont il voyait à travers les grilles, sous une brume légère, les gazons ondulés et les massifs de plantes exotiques. Il gagnait la rue Carnot et entrait dans l'atelier. On laissait pour lui la clef sous le paillasson.

L'atelier de Labanne était si rempli de livres qu'on eût dit une remise de bouquiniste. Les piles de livres montaient autour des ébauches abandonnées sous leurs linges séchés. Le sol était entièrement recouvert de volumes empilés. On marchait sur des plats de basane. C'était de toutes parts des dos de veau à nervures et à fleurons, des tranches rouges ou chinées, des couvertures jaunes, bleues, rouges, qui pendaient à demi arrachées. Les coins écornés des in-folios bâillaient et le carton s'effeuillait entre les cuirs recroquevillés. Une ancienne poussière recouvrait lentement cet amas de littérature et de science.

Les murs avaient été autrefois blanchis à la chaux. Nus à leur partie supérieure, ils étaient charbonnés, à hauteur d'homme, d'un texte mi-grec, mi-français. C'était le commentaire du *Phédon* que Branchut écrivit d'inspiration après une nuit d'insomnie. La porte était couverte d'inscriptions tracées diversement par des mains différentes.

La plus haute, gravée à la pointe d'un canif en lettres capitales, disait :

LA FEMME EST PLUS AMÈRE QUE LA MORT.

La seconde, moulée au crayon Conté, en ronde, disait :

Les académiciens sont des bourgeois. Cabanel est un coiffeur.

La troisième, tracée à la mine de plomb, en cursive, disait :

Gloire aux corps féminins qui, sur le mode antique,
Chantent l'hymne sacré de la beauté plastique !

Paul Dion.

La quatrième, tracée à la craie, d'une main inhabile, disait :

J'ai rapporté du linge blanc. Lundi je prendrai le sale chez le concierge.

La cinquième, jetée au fusain par Labanne, disait :

Athènes ! ville à jamais vénérable, si tu n'avais pas existé, la terre ne saurait pas encore ce que c'est que la beauté.

La sixième, marquée au moyen d'une épingle à cheveux qui avait légèrement égratigné la peinture, disait :

Labanne est un rat. Je me fiche de lui.

Maria.

Il y avait sur cette porte d'autres inscriptions encore.

Dans un coin, près du poêle, une couverture de cheval était jetée sur des livres et des journaux. Ces journaux, ces livres et cette couverture formaient le lit du moraliste Branchut.

Un jour que Branchut, assis sur sa couverture de cheval, songeait à Démosthène, aux professeurs allemands et à la princesse Fédora, Remi, occupé à copier un pot à eau, tirait la langue par excès d'attention. Voulant effacer ses repentirs, il demanda au philosophe s'il n'avait pas dans ses poches de la mie de pain rassis. Et il l'appela par mégarde M. Branchut du Tic. Branchut, que ses malheurs rendaient irascible, le regarda avec des yeux de homard. Un frisson formidable courut tout le long de son nez. Il sortit furieux.

Le poète Dion, qu'il alla trouver à la brasserie, et Labanne, qu'il découvrit sur les quais devant une boîte de livres, prirent en main son affaire. Le poète Dion voulait du sang ; mais le sceptique Labanne se montra doux et amena une sorte de réconciliation. D'ailleurs Remi n'avait pas de rancune.

Le moraliste et le créole vécurent en paix pendant un mois ou deux. Mais Branchut, dont le destin était de souffrir par les femmes, eut le malheur de regarder avec tendresse l'hôtesse du Chat-Maigre. Or, le visage de Branchut, quand il exprimait la tendresse, ressemblait terriblement à une face d'épileptique. Virginie, qu'il dévisageait avec des yeux injectés, jaillissant hors de leurs orbites, fut épouvantée et fit grand bruit de son épouvante. Elle ne manquait aucune occasion de témoigner au philosophe l'horreur vertueuse qu'il lui inspirait, et comme elle coulait en même temps vers Remi des œillades chargées de volupté, Branchut fut mordu de tous les aiguillons de la jalousie. Il souffrait, il devint méchant.

Il s'en prit d'abord au doux Labanne, qui avait le double tort d'être pourvu de quelques petites rentes et de rendre service au philosophe. Branchut lui rendait solennellement, tous les matins, la clef de l'atelier, que le sculpteur replaçait tous les matins avec tranquillité sous le paillasson où Branchut venait la reprendre tous les soirs.

Pendant les mois de juillet et d'août, Branchut devint amer, sceptique et fort. Il tournait au grand homme. Il méprisait la femme, qui est, disait-il, un être inférieur. Il affectait de ne pas même regarder Virginie en lui demandant impérieusement des bouteilles de bière que Labanne payait.

Il faisait sur l'art des théories transcendantes.

— J'ai vu dernièrement au muséum, disait-il, une figure de mammouth tracée à la pointe du silex sur une lame d'ivoire fossile. Cette figure date d'une époque préhistorique ; elle est antérieure aux plus vieilles civilisations. C'est l'œuvre d'un sauvage stupide. Mais elle révèle un sentiment artistique bien supérieur aux plus belles conceptions de Michel-Ange. C'est une représentation à la fois idéale et vraie. Et nos meilleurs artistes modernes sacrifient soit la vérité à l'idéal, soit l'idéal à la vérité.

En parlant ainsi, il regardait Labanne avec des yeux révulsés. Mais Labanne était content. Il approuva et développa la pensée de son ami, le philosophe.

— L'art, dit-il, décline à mesure que la pensée se développe. En Grèce, du temps d'Aristote, il n'y avait plus de sculpteurs. Les artistes sont des êtres inférieurs. Ils ressemblent aux femmes enceintes : ils accouchent sans savoir comment. Praxitèle fit sa Vénus comme la mère d'Aspasie fit Aspasie, tout naturellement, tout bêtement. Les sculpteurs d'Athènes et de Rome n'avaient pas lu M. l'abbé Winckelmann. Ils n'entendaient rien à l'esthétique et ils firent le Thésée du Parthénon et l'Auguste du Louvre. Un homme d'esprit ne produit rien de beau ni de grand.

Branchut répondit aigrement :

— Pourquoi êtes-vous sculpteur, en ce cas, vous qui vous croyez un homme d'esprit ? Il est vrai que je n'ai jamais rien vu de vous qui s'approchât le moins du monde d'une statue, d'un buste ou d'un bas-relief. Vous n'avez pas seulement une maquette ou un croquis à montrer, et il y a bien cinq ans que vous n'avez touché l'ébauchoir. Si vous gardez votre atelier uniquement pour m'y donner asile, je vous dois et je me dois à moi-même de vous avertir que je ne serai pas embarrassé de trouver un gîte ailleurs. Je ne vous ai pas donné, que je sache, le droit de m'accabler de vos bienfaits.

Mais le philosophe, malgré sa grandeur d'âme, ne put se maintenir longtemps à ces hauteurs. Il redevint faible. Il oublia le mammouth du muséum et ne vit plus que Virginie. Il tomba dans un morne abattement. Il y eut pourtant une belle heure dans sa vie. Ayant rencontré un matin Virginie qui revenait de la halle avec un panier à chaque bras, suant, soufflant, toussant et suffoquée par un commencement d'asthme, il la suivit moitié de gré, moitié de force et obtint d'elle de porter le panier de viande. Il fut ravi. Cette joie le gâta. Il espéra, il osa tout. Un soir, il se glissa dans la cuisine et saisit entre ses bras Virginie qui lavait la vaisselle. Elle laissa tomber une assiette et poussa des cris déchirants. Non, la princesse Fédora n'avait pas crié si fort.

Ce fut un scandale. Le poète Dion était heureux. Les yeux de Mercier pétillaient sous leurs lunettes. Labanne haussait les épaules. Remi, un peu fâché, sourit intérieurement quand il eut trouvé sa vengeance. C'était une vengeance d'écolier et de sauvage dont il se léchait d'avance les lèvres. Il la laissa dormir dans son cœur gourmand et paresseux comme un pot de confitures dans l'armoire d'une bonne ménagère.

Le poète Dion parla de nouveau de fonder une revue. La tentative de l'an dernier avait échoué, parce que les trois cents francs de la grand-mère s'étaient trouvés employés en dépenses domestiques. Mais Dion venait de recevoir trois cents autres francs.

— Il faut trouver un titre, disait-il.

On se sépara au bout de deux heures, après avoir imaginé un très grand nombre de vocables insensés ou connus.

Le lendemain, le poète Dion salua l'assemblée du Chat-Maigre par ce cri antique :

— J'ai trouvé : *L'Idée !... l'Idée, revue nouvelle.*

Et, pressant entre ses doigts une feuille imaginaire, la tête de côté, ses cheveux apolloniens rejetés en arrière, le visage éclairé d'un sourire, il lisait intérieurement en grosses capitales : *L'Idée, revue nouvelle, Paul Dion, directeur.*

— Quelle idée ? demanda le sceptique Labanne, en caressant sa barbe jaune.

— L'idée de la basse mathématique, parbleu ! répondit Mercier.

— L'idée de la supériorité de la poésie et de l'idéal sur la prose et la réalité, répondit Dion.

— Et aussi peut-être, insinua le moraliste Branchut avec une douceur aigre, en frottant son nez sinueux, et aussi peut-être l'idée de la morale nouvelle dont je me propose d'exposer la théorie, si toutefois je puis vous être agréable en le faisant.

Labanne fit cette remarque qu'il fallait intituler la revue, non pas *l'Idée,* mais *les Idées,* puisqu'ils avaient chacun la leur.

Toutefois, le premier titre fut maintenu et le poète Dion rédigea sur une feuille de papier à lettres, avec la plume dont Virginie écrivait ses comptes, le sommaire du premier numéro, qui devait contenir :

1° Un avis au lecteur, par Paul Dion ;

2° Un article indéterminé sur la philosophie, par Claude Branchut ;

3° Un article plus indéterminé encore sur les beaux-arts, par Émile Labanne ;

4° La maîtresse dont on meurt, poésie par Paul Dion ;

5° Quelque chose de très vague sur les sciences, par Guillaume Mercier.

Quant aux articles de théâtre et de bibliographie, le directeur en faisait son affaire.

Le texte étant ainsi constitué, Dion avisa, dans quelque rue mal pavée du quartier Saint-André-des-Arts, un imprimeur en détresse qui se chargea avec une morne indifférence d'imprimer la revue. Cet imprimeur était un petit homme chauve et blême, dont l'aspect fondant faisait songer aux restes d'une bougie consumée dans un courant d'air. Ses affaires étaient dans un pitoyable état. C'était un imprimeur désespéré, mais c'était un imprimeur. Il imprimait. Il envoyait des épreuves que Dion graissait sur toutes les tables de café. Mais, il fallait bien le reconnaître, malgré quelques poésies envoyées de divers points de l'Europe au rédacteur en chef de *l'Idée,* on manquait de copie. Le numéro promettait d'être d'autant plus mince que Branchut perdait sous les portes cochères les pages de son article philosophique à mesure qu'il les écrivait et que Labanne avait expressément besoin de lire quinze cents volumes avant d'écrire les premières lignes de ses études d'art. L'article de Mercier existait du moins, mais l'auteur, serré dans son écriture, dans son style et dans ses idées comme dans ses habits, aurait fort bien pu faire tenir ces articles-là sur les deux verres de ses lunettes. Quant à *la Maîtresse dont on meurt,* elle en était déjà à sa troisième épreuve.

C'est à ce moment que Sainte-Lucie, secrétaire de la rédaction, proposa au poète Dion de le présenter à M. Godet-Laterrasse, qui ne manquerait pas de fournir un article. Ce fut une grande nuit que celle où M. Godet-Laterrasse, descendu d'une impériale d'omnibus, entra dans l'établissement de Virginie. Il tourna le bec de canne avec la main d'un homme qui se sait appelé ; et, tandis qu'un murmure flatteur accueillait son entrée, il traversa la boutique dans une majesté africaine tempérée de morbidesse créole. En s'entendant appeler « cher maître » par le poète Dion, il découvrit toutes ses dents par un sourire d'idole. Mais tout à coup son visage reprit une expression d'amertume hautaine. Il avait vu Labanne promener un regard indifférent à travers la fumée d'une pipe profonde. Il savait que Labanne avait résolu un jour de le représenter dans une attitude sublime, avec un cadran sur le ventre. Depuis ce temps, il considérait Labanne comme un sceptique des plus corrompus. Plein de cette pensée, il tourna vers Dion et Mercier sa face horizontale et leur dit :

— Jeunes gens, gardez-vous du scepticisme. C'est un souffle empoisonné qui dessèche l'âme dans sa fleur.

Il promit à la revue un chapitre inédit de son grand livre sur la régénération de l'humanité par la race noire.

Il développa son idée. La race noire n'était pas souillée par cette lèpre chrétienne qui dévorait depuis dix-huit siècles tous les peuples de la famille blanche.

Il raconta que, à peine âgé de onze ans et se promenant seul au bord de la mer, en face de l'immensité, il se disait : « Les curés auront beau dire ; je ne croirai jamais que le christianisme ait rien fait pour l'abolition de l'esclavage. »

Quand il sortit, on lui fit escorte. L'omnibus, signalé par Sainte-Lucie, approchait. M. Godet-Laterrasse, ayant distribué des poignées de main, prit cordialement son élève par les épaules et l'entraîna à l'écart.

— J'ai oublié mon porte-monnaie, lui dit-il. Quelle étourderie ! Prêtez-moi donc quelques sous.

Puis, ayant adroitement saisi une pièce blanche dans une poignée de main, il escalada l'impériale en criant :

— Courage, Remi. Piochez le Tacite !

VI

Remi fut, le plus naturellement du monde, refusé une seconde fois par MM. les examinateurs. Il se faisait du baccalauréat une idée de plus en plus vague et effacée. Ses échecs, nullement surprenants, prenaient, quand M. Godet-Laterrasse les commentait, un aspect louche et ténébreux.

— Ce n'est pas vous qu'ils ont refusé, disait le préparateur, c'est moi. Ils me visaient quand ils vous ont touché, soyez-en certain. Ah ! ces messieurs de la Sorbonne ne me pardonnent pas mon dernier article.

Après de tels propos, Remi était si parfaitement bouleversé qu'il ne savait plus si le baccalauréat était un examen littéraire ou une société secrète. Il acheva l'hiver dans un engourdissement voluptueux. Le timide soleil d'avril qui blanchissait les murs le réveilla à demi.

Les moineaux piaillaient sur les toits. Le capitaine en retraite semait des graines dans ses caisses vertes. Les fenêtres, si longtemps closes et dont les vitres étaient naguère obscurcies d'une buée épaisse, s'ouvraient aux rayons d'un jour encore pâle et à la prime tiédeur du printemps. Remi, qui avait perdu de vue et de pensée, depuis l'été, ses amies du quatrième étage, revit avec plaisir la cage des serins et la poignée de cuivre du piano.

Quand, pour la première fois, il aperçut la mère et la fille dans le salon doré, il se retint pour ne pas les saluer d'un geste amical. Un petit vieillard, assis sur le canapé, tenant son chapeau et son parapluie entre les jambes, semblait parler affectueusement. Il levait le bras et on croyait l'entendre dire :

— Comme vous êtes grandie, Marie (ou Jeanne ou Louise) ! Vous voilà devenue une demoiselle.

Remi était un peu maussade de voir un étranger ainsi installé sur le canapé de ses amies. Non que le petit vieillard lui déplût. Bien au contraire ! Le petit vieillard avait l'air d'un brave homme. Mais Remi ne le connaissait pas, et Remi songeait que ces deux dames avaient des secrets pour lui, ce dont il ne s'était pas encore avisé. On ne peut songer à tout. Il ferma sa fenêtre et bouda jusqu'au lendemain. Il la rouvrit le lendemain matin, seulement pour voir si la cage des serins était à sa place. Il vit la fillette en chapeau rond, mâchonnant son ombrelle et piaffant avec une impatience de jeune cheval, comme elle avait l'habitude quand, toute prête à sortir, elle attendait sa mère attardée à nouer devant la glace les brides de son chapeau. Pourtant, il faut être juste, une femme de quarante-cinq ans ne s'habille pas comme une fillette en deux ou trois mouvements d'oiseau.

La mère inspecta, ce jour-là, comme à l'ordinaire, minutieusement, la toilette de sa fille. Mais il dut y avoir cette fois quelque grave désordre à la robe grise, car la maman dit quelque chose qui fut reçu avec toutes sortes de petits mouvements impatients et boudeurs, avec des piétinements et des marques de désespoir. Enfin, mademoiselle défit les boutons du corsage et on poussa la fenêtre qui, quelques secondes après, se rouvrit toute seule. À cet instant, Remi vit la mère qui, debout, tenait dans ses mains la robe grise et y faisait un point, tandis que mademoiselle, en corset et en jupon, de blanc et court vêtue, attendait. Elle tourna la tête et vit l'étudiant qui la regardait. Alors, avec un joli geste de petit enfant frileux qu'on baigne, elle se couvrit la poitrine de ses deux bras. Ses lèvres prononcèrent très vite quelque chose qui devait être : « Maman ! maman ! »

La mère, très calme, haussa un peu les épaules avec un air de dire :

— Mon Dieu, mademoiselle, la belle affaire !

Et elle repoussa négligemment la fenêtre.

Depuis ce jour Remi s'abstint, sans trop savoir pourquoi, d'observer obstinément ses voisines. Mais il songea qu'elles pouvaient s'en aller et qu'il ne les reverrait plus. Cette idée l'attrista. Ses pensées prirent un cours grave et réfléchi. Il se dit que le baccalauréat compris par M. Godet-Laterrasse était une chose peu sérieuse et il résolut d'être un peintre. Peindre ! voilà qui lui semblait clair et beau. Puis l'idée de Télémaque lui traversa le cerveau.

— Il faut que j'aille le voir, pensa-t-il.

VII

Après le second échec, M. Godet-Laterrasse, très occupé des affaires publiques, négligea beaucoup son élève. Remi, qui se consolait de ne plus revoir son précepteur, alla dessiner dans l'atelier de Labanne. L'incomparable sculpteur, ayant découvert sur un parapet du quai Malaquais les poésies de Colardeau, fut pénétré d'admiration.

— Colardeau est le plus grand des poètes français, disait-il.

Tandis qu'une lourde chaleur pesait sur la ville de pierre et de bitume, le moraliste Branchut avait pour vêtement un épais pardessus à long poil qui le faisait ressembler, disaient ses amis, à un scythe couvert de peaux de bête. La pensée de la femme ne quittait pas son esprit et jamais son humeur n'avait été si féroce. Il n'avait plus cet ancien appétit avec lequel il mangeait chaque jour un pain d'un sou. Mais il était brûlé, sous son épaisse toison, d'une soif inextinguible. Un jour que Remi copiait, pour la centième fois, sous la direction de Labanne, le pot à eau qu'on mettait l'hiver sur le poêle de l'atelier, le moraliste Branchut s'empara du vase modèle, pour aller le remplir à la pompe. Quand Branchut reparut, le nez humide et la barbe ruisselante, le jeune créole lui jeta un regard en coulisse qui promettait quelque chose. Branchut appelait la foudre et désirait l'aquilon. Il arrachait des feuillets aux plus beaux livres de Labanne pour y écrire des pensées obscures et terribles. Un orage rafraîchit la ville et détendit les nerfs du moraliste.

Le temps coula ; le temps ramena les cerfs-volants dans le ciel agité de septembre, la brume dans les horizons d'octobre, les poêles de marrons rôtis aux portes des marchands de vin, les oranges dans les voitures à bras, la lanterne magique au dos du savoyard et, sous les toits blancs de neige, dans les salles à manger chaudes, le fumet des oies rôties, aux jours de Noël, du nouvel an et des rois. Mais le temps ne changea pas le cœur de Branchut.

Le jour des Rois, vers quatre heures, Remi, passant avec le poète Dion sur la place Saint-Sulpice, regarda les coulées de glace qui recouvraient à demi les quatre évêques de pierre et l'eau gelée sous leurs pieds, dans la fontaine. Il se frotta les mains et dit avec un gros rire :

— Il ne fera pas chaud sur cette place à minuit.

Puis ils s'entretinrent, Remi avec une grosse joie, Dion avec une satisfaction raffinée, d'une lettre qu'ils venaient d'envoyer par un commissionnaire et dont ils ne se lassaient pas de réciter le début : « Vous êtes brun et je suis blonde ; vous êtes fort et je suis faible. Je vous comprends et je vous aime. » Ils avaient tramé assurément quelque détestable mystification dont ils étaient contents et fiers.

Ce soir-là, Branchut dînait au Chat Maigre avec Mercier, qui vieillissait et dont la figure diminuée disparaissait sous ses lunettes, avec Labanne, très occupé depuis huit jours d'un livre sur la politesse au XVIIe siècle, avec le poète Dion et Sainte-Lucie. Virginie servit une soupe aux choux d'un parfum robuste. Le philosophe Branchut repoussa l'assiette fumante que Labanne lui tendit. Cette épaisse nourriture était pour l'étouffer, disait-il. Labanne n'avait donc point la moindre idée du système d'alimentation propre aux natures d'élite.

Un commissionnaire entra, demanda monsieur Branchut et lui remit une lettre qui sentait l'iris et dont l'enveloppe, d'un gris tendre, était frappée d'un chiffre bleu. À mesure que le philosophe lisait, des frissons tumultueux parcouraient son nez mobile. Enfin, il mit la lettre dans la poche de son habit (c'était un habit à queue, que Labanne lui avait donné) et il promena autour de lui un regard plein de mystère. Tout son sang âcre et pauvre animait sa face couperosée. Il était transfiguré. Son nez semblait éclairé par une flamme intérieure. Dion contemplait le liteau de sa serviette. Remi faisait avec son couteau, dans le sel de la salière, des montagnes et des vallons et semblait perdu dans la contemplation des paysages polaires en miniature qu'il créait et bouleversait avec la toute-puissance capricieuse d'un Jéhovah lapon. La conversation interrompue par le commissionnaire reprit mollement. Labanne seul eut quelque verve. Très préoccupé de la politesse au XVIIe siècle, il regrettait Louis XIV.

— Le roi soleil ne valait pas César Borgia, disait-il. Mais il était bien préférable aux droits de l'homme et aux immortels principes.

Branchut glissait parfois la main dans la poche de son habit et serrait quelque chose contre son cœur. Perdu dans un rêve profond, il laissait échapper, par intervalles, de ses lèvres bouffies et gercées, de suaves paroles sur la régénération de l'homme par l'amour. Dès onze heures, il se leva pour sortir ; du revers de sa manche, il frotta son gilet, ce qui était de sa part un raffinement extraordinaire et un culte immodéré de la personne extérieure.

— À demain ! lui dit Labanne.

Mais le philosophe murmura quelques paroles mystérieuses sur sa disparition possible et coula si doucement dehors qu'il semblait s'être volatilisé. Un moment après Dion et Labanne sortirent du Chat-Maigre.

À minuit le moraliste faisait en habit de bal le tour de la Fontaine des quatre évêques. Quelques passants attardés traversaient vivement la place. L'eau qui s'était échappée de la vasque était gelée sur le bitume et le moraliste glissait à chaque pas. Un vent âpre agitait les pans de son habit. Mais, comme un cheval aveugle qui tourne la meule, le moraliste suivait le bord sans fin de la vasque de pierre. Sur la place déserte, une jeune ouvrière, attardée sans doute par quelque aventure, coupait le vent avec la vive allure et le pas ferme des vraies parisiennes. Une heure sonnait à l'horloge de la mairie et le moraliste tournait encore. Les talons sonores de deux gardiens de la paix troublaient seuls d'un bruit monotone le silence de la nuit. À une heure et demie le philosophe s'éloigna pour relire sous un réverbère le billet parfumé.

« Vous êtes brun et je suis blonde, vous êtes fort et je suis faible. Je vous comprends et je vous aime. Soyez ce soir, à minuit, sur la place Saint-Sulpice, autour du bassin. »

Le rendez-vous était formel. Le philosophe reprit son poste tournant. Le givre le couvrait d'une poussière diamantée. Les pans de son habit, alourdis par l'humidité, pendaient. La place était déserte. Il tourna longtemps encore. Puis trompé, accablé, désespéré, il se laissa tomber sur un banc et resta immobile la tête entre les mains. Quand il se releva, il crut apercevoir Dion et Sainte-Lucie qui s'enfonçaient en courant dans l'ombre de la rue Honoré-Chevalier. Une lumière se fit dans sa tête endolorie, et son nez tressaillit d'indignation.

Le lendemain, drapé dans sa couverture de cheval, il déclara à Labanne qu'il voulait tuer Sainte-Lucie.

— Je ne tiens pas beaucoup à ma vie, dit-il, mais je tiens encore bien moins à la sienne.

Labanne essaya vainement de le calmer.

Pendant ce temps Remi, tranquille et sans rancune, savourait la douce chaleur de son édredon et songeait :

— Il faudra pourtant que j'aille voir un de ces jours le général Télémaque.

VIII

Télémaque, coiffé d'une calotte de toile et ceint d'un tablier blanc, souriait sur le seuil de sa boutique, au beau soleil du matin qui inondait l'avenue poudreuse, plantée de maigres platanes. Sa vue s'étendait à droite jusqu'à la caserne, d'où partait une sonnerie de clairons, et à gauche jusqu'au rond-point de l'Empereur, au centre duquel se trouvait un piédestal veuf de sa statue. La large avenue était bordée des deux côtés par des constructions basses et par des terrains où s'alignaient les piquets blancs des blanchisseries. Les débits de vin, au coin des rues, qui donnaient sur des terrains vagues, étaient barbouillés de rouge-brun pour attirer l'œil et provoquer de loin la soif des militaires et des ouvriers. Tout le reste, murs et terrains, était uniformément gris. Les deux maisons qui faisaient face à l'établissement de Télémaque présentaient une façade de plâtre haute de trois étages, à balustres, à baies cintrées, ornée de bustes dans des niches, lézardée, écaillée, moisie, avec des vitres étoilées de papier et des loques pendues aux fenêtres. Des groupes confus d'enfants et de chiens remuaient dans la poussière. Des militaires s'en allaient tout doucement vers la berge, et des femmes en jupon plat portaient des seaux ou des paniers.

La boutique de Télémaque était peinte en rouge ; derrière les vitres, un aloyau et des biftecks s'étalaient dans des plats. Télémaque tenait par les oreilles un lapin mort et souriait. Le vif émail de ses yeux bridés et relevés de côté par la saillie des pommettes brillait sur son visage d'ébène, au nez épaté et aux lèvres lippues. Une laine encore noire floconnait sur sa tête. Mais le front, dégarni par une calvitie régulière, s'élevait en fuyant et découvrait une partie du crâne, dont le sommet formait une sorte de crête.

Miragoane, assise sur son derrière, regardait avec intérêt les hommes, les bêtes et les choses. Mais libre de passions et l'âme en paix, elle se chauffait tranquillement au soleil. Parfois, allongeant sa tête intelligente, elle léchait de sa langue en volute le sang coagulé au museau du lapin que Télémaque laissait pendre. Puis, satisfaite de cette sensualité délicate, elle contemplait de nouveau l'avenue, avec un frisson dans la queue.

Télémaque retourna comme un gant la peau de son lapin et, ayant posé sur une petite table l'animal écorché, brillant des plus beaux tons, il le découpa adroitement et mit les morceaux sur un plat.

Puis il rentra dans la boutique, dont la porte extérieure s'ouvrait sur un petit jardin garni de tonnelles. Ayant préparé très proprement son civet, il s'assit, tandis que la casserole de cuivre rouge chantait sur le fourneau, et resta songeur. Ses yeux, qui semblaient fraîchement peints sur un joujou tout neuf, ne regardaient plus rien. Télémaque voyait sans doute autre chose que son fourneau aux carreaux de faïence, le comptoir d'étain et les tables de toile cirée, car il murmurait un chant étrange et doux et parlait à des absents. Enfin, ayant donné un regard au civet qui, comme disent les cuisiniers, partait sur un feu doux :

— Miragoane, dit-il, garde la boutique.

Miragoane tourna vers lui son œil intelligent et s'avança jusqu'au seuil de pierre, qu'elle occupa d'un air d'importance. Télémaque monta dans une très belle chambre tendue d'un papier historié sur lequel une chasse au sanglier était indéfiniment répétée. Cette chambre, meublée d'une armoire de noyer, d'un lit à rideaux de cotonnade blanche et de quatre tables, servait à la fois de chambre à coucher au restaurateur et de salle à manger aux sociétés du dimanche. Télémaque prit dans l'armoire une caisse qu'il posa sur la table et qu'il ouvrit avec précaution. Cette caisse était pleine d'objets enveloppés dans des foulards et dans des papiers. Il en tira successivement un châle rouge, des épaulettes à graines d'épinard, des anneaux d'oreilles, une croix et une plaque d'ordres inconnus et un grand chapeau galonné dont les deux cornes étaient terminées chacune par un énorme gland d'or. Quand ces trésors furent étalés sur la table, Télémaque les contempla avec son regard étonné de petit enfant, puis il mit sur sa tête crépue le chapeau, dont les glands se balancèrent, il s'enveloppa du châle rouge de sa femme Olivette et se contempla dans son petit miroir à barbe.

Il revécut alors sa vie passée, et remonta jusqu'au temps où il était général. Il revit les éblouissements du sacre de Sa Majesté Faustin Ier, les manteaux bleus des ducs, des princes et des comtes, les habits rouges des barons ; la face noire de l'empereur, ceinte d'une couronne d'or ; Olivette amenée en robe à queue dans une brouette et se rangeant parmi les dames au milieu de la nef de l'église. Tout lui était présent, les mille couleurs des habits, les coups de canon, la musique militaire et les cris de « Vive l'Empereur ! » Puis il revit les fêtes somptueuses du palais impérial, quand, sous les feux des bougies et des pendeloques de cristal, les magnifiques poitrines noires des dames de la cour faisaient craquer les corsages de mousseline blanche dans l'élan furieux des danses. Il revit les soldats alignés sous ses yeux dans la plaine aride et lumineuse. Tous, rangés en bataille, lui présentaient les armes. Et lui, Télémaque, les mains derrière le dos comme le Napoléon des estampes, passait entre les rangs et disait :

« Soldats, je suis content de vous ! »

Puis des tableaux plus sombres se déroulèrent dans son imagination. Il revit les événements qui avaient précipité sa chute. Quand, en décembre 1851, développant avec la toute-puissance d'un empereur son génie d'enfant peureux et cruel, Soulouque eut l'idée de faire la guerre à la république dominicaine, le général Télémaque fit partie, à la tête de sa brigade, du corps expéditionnaire commandé par le général Voltaire Castor, comte de l'Île-à-Vache. L'empereur avait dit dans sa proclamation à l'armée : « Officiers, sous-officiers, soldats ! Les hommes de l'Est, les bouviers de Santo-Domingo fuiront devant vous. Allez. » Plein de confiance dans la parole de son empereur, le général Télémaque, coiffé de son chapeau à glands, portant sur sa poitrine la plaque de l'ordre impérial et militaire de Saint-Faustin et le grand cordon de la Légion d'honneur haïtienne, galonné, chamarré, les pieds nus, marchait fièrement à la tête des régiments noirs qui formaient l'avant-garde, quand tout à coup une vigoureuse mousqueterie le surprit sur la lisière d'une plantation de bananiers. Étonné, indigné, consterné, il tourna vers ses troupes sa face décomposée et s'écria avec une éloquence sincère :

— L'empereur a moqué pauvre monde !

À ces paroles du général, la brigade tourna les talons et s'enfuit à toute vitesse. Télémaque, faisant jouer les ressorts de ses jarrets de singe et tirant la langue, reprit la tête de la colonne, sans se soucier des fusils, des tentes, des paquets de cartouches et des caisses de biscuits abandonnés en route. Soulouque, sur la nouvelle de cette opération militaire, trembla de tous ses membres et, pour se redonner du cœur, fit fusiller le général Voltaire Castor. Il donna l'ordre d'arrêter le général Télémaque, qui resta caché huit jours dans les palétuviers. Le consul français, à la prière de la belle madame Sainte-Lucie, recueillit Télémaque et le fit passer à bord de la *Naïade,* qui appareillait à destination de Marseille.

À ce souvenir, Télémaque prit la mine d'un chien intelligent qu'on a fouetté, et remit les croix, les épaulettes et le chapeau dans les foulards. Il regarda par la fenêtre, avec inquiétude, si personne ne passait dans l'avenue, et, ayant replacé le précieux coffre dans l'armoire fermée à clef, il descendit dans la boutique et versa quelques gouttes d'eau dans la casserole odorante qui chantait.

L'horloge, accrochée au-dessus de la stalle du comptoir, marquait onze heures. Une nuée de petits galopins à tignasse ébouriffée et qui laissaient passer des bouts de chemise par les trous des culottes, s'abattit dans un nuage de poussière, contre la porte vitrée. Et des cris aigus sortaient de ce nuage.

Télémaque parut sur le seuil avec une soupière pleine de débris de volaille et de restes de friture enveloppés proprement dans des morceaux de papier. Miragoane, attentive et grave sur le seuil, et la queue frissonnante, surveillait la distribution.

Le petit peuple assiégea en se culbutant les deux jambes de Télémaque, qui commanda d'un ton nasillard particulier :

— Droit alignement !

Alors les enfants se rangèrent en ligne, les bras pendants, le cou tendu, les yeux agrandis par la convoitise.

Télémaque les examina quelque temps avec une gravité joyeuse, puis :

— Répondez à l'appel, dit-il. Numéro un… numéro deux… numéro trois…

Et il donnait à chacun sa ration. Les numéros un, deux et trois s'enfuirent, serrant des deux mains leur part de friandise contre leur ventre, et la dévorèrent chacun dans un coin, en promenant à la ronde des regards défiants :

— Numéro quatre… numéro cinq… numéro six…

Le numéro six, qui était roux, bouscula le numéro quatre, qui boitait, et dont il fit rouler l'os de poulet dans le ruisseau.

Miragoane dressa l'oreille, le numéro quatre reprit son os, et le général Télémaque, ayant ainsi pourvu à l'ordinaire de son armée, retourna à ses fourneaux. Ayant reconnu que le civet était en bon point, il tira d'un tiroir un petit fusil de bois peint en rouge, et appela Miragoane. Elle s'approcha, l'oreille basse, d'un air qui voulait dire : — Mon Dieu ! à quoi cela peut-il servir ? Nous avons tort de compliquer inutilement la vie ; je n'éprouve aucun plaisir à faire l'exercice. Mais je consens à le faire pour être agréable à mon maître Télémaque.

Et Miragoane, debout sur ses pattes de derrière, reçut contre son ventre rose le petit fusil de bois.

— Portez arme ! Présentez arme !

Miragoane manœuvra au commandement. Mais ses jarrets fléchissaient ; elle retomba sur ses quatre pattes et, laissant son arme sur le carreau, elle s'en alla en se secouant au seuil de la boutique.

— C'est mauvais, c'est mou, lui dit Télémaque. Nous recommencerons ça demain.

Mais Miragoane immobile, en arrêt, aboya deux fois. Puis elle se mit à courir du seuil au fourneau, en faisant sonner ses ergots sur le carrelage.

Remi, coiffé d'un chapeau de paille en cloche à melon, selon la mode des canotiers, entra dans la boutique et se fit connaître à Télémaque qui, dans sa joie, lui tourna le dos sans rien dire, pour déboucher une bouteille de vin blanc.

— C'est vous, mouché, dit le nègre, vous mouché Remi, le fils de mouché le ministre et le filleul de ma pauvre femme Olivette, qui vendait de l'arac, des cocos et des sapotilles à Port-au-Prince. Les hommes de couleur l'ont tuée méchamment dans son bazar et ont bu son tafia. Le fait a été mis au long en lettres moulées dans le Moniteur d'Haïti. C'est le consul, mouché Morel-Latasse, qui me l'a fait lire. Et j'en eus du chagrin parce que Olivette était une bonne femme. Comme je suis content de vous voir, mouché Remi ! Olivette n'était plus jeune quand je l'ai épousée. On riait de Télémaque qui se mariait avec une vieille femme ; mais Télémaque savait que plus une femme est vieille, mieux elle fait la cuisine. Asseyez-vous, mouché Remi. Voilà un vin blanc qui ne vieillira plus, car nous allons le boire.

Et le Noir se mit à rire longuement. Quand il eut débouché la bouteille, soufflé sur la cire du goulot et rempli les verres, il devint songeur et dit :

— La vie ne dure pas toujours, mais la mort dure toujours.

Puis, approchant ses grosses lèvres de l'oreille de Sainte-Lucie, il ajouta tout bas :

— Aussi, j'ai là-haut, dans un sac, une bonne somme d'argent, pour faire construire un beau tombeau à Olivette.

Et il recommença de rire. Il demanda des nouvelles de madame Sainte-Lucie, qui était une si belle femme, et il voulut savoir ce que Remi faisait à Paris.

— Je me prépare au baccalauréat, répondit le jeune homme en bâillant.

Télémaque ne savait pas ce que c'était que le baccalauréat, mais il pensait que ce devait être « quelque chose de bon ».

Il choqua le verre en fermant à demi ses yeux câlins. Puis il demanda si Remi ne serait pas général.

— C'est beau, ajouta-t-il en soupirant, c'est beau. Mais un général a quelquefois des désagréments.

Remi, que le Noir amusait, dit :

— Télémaque, vous avez été général sous ce méchant singe de Soulouque ?

Télémaque se troubla. Ses grosses lèvres tremblèrent. Il balbutia :

— Mouché Remi, il ne faut pas parler ainsi de l'empereur.

Remi avait entendu dire à son père que le général avait une peur effroyable de Soulouque, qu'il croyait encore vivant. C'est pourquoi il ajouta :

— Craignez-vous que l'ombre de Soulouque revienne la nuit vous tirer par les pieds ? Il y a dix ans que Sa Majesté est morte.

Le Noir secoua lentement la tête :

— Non, mouché Remi, dit-il.

Remi eut beau dire que tout le monde savait que Soulouque était mort en 1867, à la Jamaïque. Le Noir répondit :

— Non pas ! mouché Remi. L'empereur n'est point mort, il est caché.

Et le front de Télémaque se plissa sur son crâne dur.

De la casserole de cuivre s'exhalait une bonne odeur de chair et d'aromates. Le Noir redevint heureux et dit en riant :

— Nous allons déjeuner, mouché Remi.

Il mit la nappe et le couvert sous une tonnelle tapissée de vigne vierge. Le petit jardin du cabaretier donnait sur des champs de salades. Le talus du chemin de fer de Versailles fermait l'horizon. Remi regardait vaguement cette maigre campagne quand Télémaque reparut, la bouche ouverte jusqu'aux oreilles, dans la fumée d'un plat qu'il portait des deux mains.

— C'est quelque chose, de bon, mouché Remi, dit-il.

Et ils déjeunèrent de grand appétit. Miragoane, chargée de garder la boutique pendant le repas, tournait par intervalles vers les convives un regard résigné.

Quand ils en eurent fini avec le civet de lapin, arrosé de vin d'Argenteuil, ils s'attardèrent aux sensualités du fromage de Brie étalé sur le pain tendre.

— Télémaque, vous êtes très bien ici, dit Remi qui s'y trouvait lui-même à souhait.

Mais, comme il est dans la nature humaine de former sans cesse de nouveaux désirs, Télémaque poussa un soupir et dit :

— Savez-vous ce qui manque à mon établissement, mouché Remi ? Il manque mon portrait peint, dans un cadre doré. Mon portrait peint serait quelque chose de beau au-dessus du comptoir. J'ai là-haut, dans un sac, une grosse somme d'argent pour le tombeau d'Olivette. Mais j'en casserais bien un petit morceau pour le peintre qui ferait mon portrait.

Sainte-Lucie répondit que le général aurait son portrait sans écorner le mausolée de la marraine Olivette.

— Je suis peintre, dit-il à Télémaque ébloui. Quand je reviendrai, j'apporterai ma toile et ma boîte de couleurs et je ferai votre portrait.

Deux militaires, annoncés par les aboiements de Miragoane, demandèrent deux canettes. Tandis que Télémaque disparaissait sous la trappe qui fermait l'escalier de la cave, Remi, dont la pipe s'était éteinte, alla prendre sur le comptoir une allumette. Alors il vit passer sur l'avenue le petit vieillard qu'il avait aperçu dans le salon doré des dames de la rue des Feuillantines. C'était bien le même petit vieillard, portant les mêmes favoris blancs et le même parapluie.

— Télémaque ! Télémaque ! cria le jeune homme.

La trappe soulevée laissa paraître Télémaque comparable à un génie souterrain mais bienveillant. Il riait entre les deux bouteilles de bière, qu'il eut immédiatement débouchées pour les servir aux militaires attablés. Mais Remi le tira vigoureusement par sa veste blanche et l'amena surpris au seuil de la boutique.

— Télémaque, connaissez-vous ce vieux monsieur ? demanda-t-il, en montrant du doigt le dos voûté du bonhomme.

Le Noir, pressant les deux bouteilles contre sa poitrine, répondit avec un gros éclat de rire :

— Certainement, mouché Remi. C'est mon propriétaire. Il se nomme mouché Sarriette. Je lui demanderai de me faire des réparations dans mon grenier.

Remi, sans lâcher la veste du cuisinier, dit précipitamment :

— Télémaque, ne demandez pas de réparations à ce vieillard.

Puis il ajouta d'un ton presque menaçant :

— Payez-vous votre loyer, Télémaque ?

Mais comment penser que le restaurateur, qui habitait la même maison depuis vingt et un ans, ne payât pas son loyer ?

Remi apprit ensuite que M. Sarriette passait pour riche, vivait le plus souvent en Normandie, où il avait du bien, et mesurait les monuments publics avec son parapluie.

Le jeune homme enthousiasmé s'écria :

— Télémaque ! je ferai votre portrait. Je vous peindrai en général, avec un habit de marchand de vulnéraire, un chapeau à panache rouge et quatre épaulettes.

Mais le Noir prit un air grave et contrit :

— Ce sera quelque chose de beau, mouché Remi, dit-il. Mais il ne faut pas faire cela, à cause de l'empereur, qui se fâcherait. Il est caché. Vous me peindrez avec un habit noir et vous mettrez trois diamants à ma chemise.

En descendant l'avenue de Saint-Germain, Remi, bien que totalement dépourvu de réflexion et jamais surpris de ce qui se passait autour de lui et en lui, se demanda pourquoi il s'était senti tout remué en voyant passer le vieil ami des dames de la rue des Feuillantines.

IX

Après avoir longtemps médité la lettre gris perle, la nuit du jour des Rois, et le rendez-vous à la fontaine, le moraliste Branchut se fit de ces événements une conception idéale. Non seulement il ne songeait plus à répandre le sang de Sainte-Lucie, mais le créole devenait, dans l'esprit du philosophe, absolument étranger à ces événements mémorables. Branchut parvint, avec le seul aide du sens intime, à connaître la vérité sur son aventure. Plein de mépris pour les affirmations de Remi, qui s'avouait hautement l'auteur de la lettre gris-perle, il savait avec toute la certitude de l'intuition que cette lettre était écrite par une femme exquise et désolée, d'une nature et d'une condition rares. Par une suite d'inductions dont les lobes cérébraux d'un métaphysicien étaient seuls capables, le moraliste se démontra jusqu'à la plus limpide évidence que cette femme était une princesse danoise, qu'elle se nommait Vranga et qu'ayant revêtu des parures d'une poésie étrange et mélancolique pour se rendre à la fontaine des quatre évêques, elle était tombée morte dans son boudoir au milieu des plantes tropicales, dont le parfum, symbole de son amour pour Branchut, était délicieux et mortel.

À mesure que ces faits élégants et tristes lui apparaissaient par suite d'un examen subjectif et d'une enquête intérieure, le moraliste en faisait part à son ami Labanne, qui n'y trouvait rien d'extraordinaire.

Les découvertes successives que faisait Branchut au sujet de la princesse Vranga eurent pour effet de le plonger dans une tristesse éloquente.

— Je dois expier, disait-il, par des tortures choisies, l'incomparable crime d'avoir causé la mort d'une créature d'élite, fine comme un cheval de race et savante comme Hypatie.

Des frissons douloureux coulaient tout le long de son nez expressif. Vranga était son unique entretien. Il ne vivait plus qu'avec la morte. Dans son désespoir, il oubliait d'emprunter des habits à Labanne. Drapé dans sa couverture de cheval comme dans un suaire, il errait avec une mélancolie hautaine sur le boulevard Saint-Michel.

— Vous voyez, disait-il aux amis qui l'arrêtaient, je suis en deuil.

Et il montrait sur sa tête quelque chose qui ressemblait à un crêpe autour de quelque chose qui ressemblait à un chapeau.

Pendant que le philosophe Branchut menait ainsi le deuil de la princesse Vranga, Sainte-Lucie témoignait à l'hôtesse du Chat Maigre une froideur croissante. Il ne se hasardait jamais seul dans l'établissement et évitait de s'écarter de ses compagnons pour aller prendre des allumettes sur une table voisine de la fontaine où Virginie rinçait perpétuellement des verres.

Il devenait sérieux et faisait de la peinture avec zèle. D'ailleurs, il y avait maintenant dans l'atelier de Labanne un rude travailleur, un gaillard musclé et râblé qui, la chemise ouverte sur sa poitrine velue et les manches retroussées, peignait tout le jour sans rien dire. Sa tête de paysan, terreuse et ravinée, plantée d'une barbe rude, n'exprimait aucun sentiment ; ses yeux ronds regardaient toujours et ne faisaient jamais rien voir. C'était Potrel, Potrel dont Virginie dénonçait l'ingratitude. Revenu de Fontainebleau où il avait passé deux ans à peindre, il peignait chez Labanne en attendant que l'atelier qu'il avait loué à Montmartre fût vacant.

Potrel parlait peu et mal. Penché sur sa toile, sa palette à la main et clignant de l'œil, il répondait aux théories de Labanne ce seul mot : « Possible », qu'il articulait en ranimant, par une aspiration, le fourneau culotté de son brûle-gueule.

Labanne lui dit un jour :

— L'absolu étant irréalisable, l'artiste ne peut atteindre à la beauté absolue.

— Possible, répondit Potrel.

Et il continua de peindre.

Il faisait venir un modèle, un admirable petit italien, pleurnicheur et narquois, qui lui volait son tabac. Sainte-Lucie put alors essayer des académies. Quand Potrel se levait de son tabouret pour se dégourdir les jambes, il donnait à Remi quelques indications brèves et nettes et se remettait à son morceau.

Un matin pourtant, il se grattait la barbe et se rongeait les ongles. Remi lui demanda pourquoi il ne faisait rien. Potrel étendit la main dans la direction du châssis vitré et dit :

— Ce sacré bibelot m'empêche de peindre.

Le bibelot n'était autre chose que le soleil, qui répandait sur l'atelier une lumière aveuglante.

Potrel mangeait beaucoup. Il allait dans les cabarets des cochers. Quand Remi lui parlait du Chat Maigre, Potrel se contentait de sourire. Un jour pourtant il demanda si Virginie avait toujours de belles formes. Après beaucoup de tentatives vaines, Remi put l'entraîner un soir dans l'établissement de la rue Saint-Jacques. Virginie, rouge comme une pivoine, servit à l'ingrat une large tranche de jambon.

— Mangez, M. Potrel, lui disait-elle. C'est bon, c'est fin. Voyez, le gras en est tout blanc. Vous ne buvez pas ? Goûtez cette bière ; je l'ai mise en bouteilles le mois dernier. Vous aimiez la bière autrefois.

Et Potrel mangeait et buvait, tandis que, debout contre sa chaise, Virginie, illuminée d'un sourire séraphique, se pâmait à chaque bouchée qu'avalait cet homme silencieux et robuste.

Remi sorti de la brasserie sans que l'hôtesse y prît garde. Et il soupira d'aise, comme un homme délivré d'un grand poids.

En rentrant chez lui, il rencontra le portier de la maison des deux dames qui entrait chez le marchand de vin et la portière qui babillait avec la fruitière à une assez bonne distance. Alors il lui vint une idée subite ; il entra dans la loge abandonnée et chercha s'il ne pourrait pas y découvrir le nom des dames du quatrième étage. Il trouva sur le casier des lettres cette mention : *Madame Lourmel, rentière.*

Le lendemain, il vit par la fenêtre mademoiselle Lourmel qui versait à boire aux oiseaux dans un petit godet de porcelaine. Il la regarda sans le vouloir avec la chaleur d'une vive sympathie. Elle le vit et ne détourna de lui que lentement son regard naïf et brave. Il remarqua qu'elle n'était plus une enfant et qu'elle était jolie.

Il allait dans ce temps-là plusieurs fois la semaine à Courbevoie. Et le portrait de Télémaque sortait peu à peu de la toile. C'était un très mauvais portrait. Mais Télémaque en était enchanté. Le soir, quand sa boutique était fermée, il mettait le portrait sur une table entre deux chandelles et il dansait la calenda ou bien il chantonnait avec un nasillement doux :

Canga do ki la,
Canga li.

Miragoane, assise sur son derrière, assistait gravement à cette cérémonie. Il lui arriva un jour de lécher affectueusement le nez encore frais du portrait. Le dommage qui en résulta fut aisément réparé.

Télémaque regretta un moment qu'il n'y eût pas sur la toile, à côté de lui, Olivette en châle rouge. Mais il en prit son parti et dansa de nouveau la calenda.

X

Remi songeait en se levant qu'il avait terminé la veille le portrait de Télémaque et que c'était, en son genre, un morceau remarquable. Il vit avec plaisir, dans le cadre de la fenêtre voisine, les deux petites mains qui frappaient les touches du piano ; elles n'étaient plus rouges et frappaient moins sec. Mais il remarqua que le lustre était emprisonné dans une housse de mousseline et qu'un grand remue-ménage se faisait dans l'appartement, si calme d'ordinaire.

Les petites mains fermèrent le piano, disparurent, puis reparurent avec des sacs de maroquin et des cartons à chapeau. Remi, qui pressentait quelque grave événement, ne quitta pas son poste d'observation et surveilla les abords de la place. Au bout de deux heures de faction, il vit le portier chargé d'une pyramide de malles et de cartons, une voiture de place arrêtée à la porte, puis il vit la bonne de madame Lourmel entasser dans la voiture des sacs de voyage et des cartons encore.

Alors, saisissant sa boîte de couleurs et vidant dans sa poche le tiroir aux écus de son secrétaire, il se précipita nu-tête, en vareuse, en pantoufles, dans l'escalier et dans la rue. Il arrêta au passage un cocher étonné, le lança à la suite du fiacre dans lequel il venait de voir entrer un bout de jupe et qui déjà s'ébranlait sous sa pyramide chancelante.

Les deux voitures traversèrent Paris et s'arrêtèrent, l'une derrière l'autre, dans la cour de la gare Saint-Lazare. Remi suivit les deux dames et gravit derrière elles, dans son costume de chambre, l'escalier de la gare. Mademoiselle Lourmel tourna la tête pour voir cet étrange voyageur qu'elle reconnaissait fort bien. Elle le regardait avec une surprise qui contenait en même temps de la raillerie et de l'admiration. Il joignit madame Lourmel au guichet des billets, l'entendit demander deux billets pour Avranches, prit après elle un billet pour Avranches et respira. Il était quatre heures douze minutes, et le train partait à quatre heures trente-cinq. Madame Lourmel alla avec sa fille faire enregistrer ses bagages. Remi n'avait à accomplir aucune formalité de ce genre, mais il lui restait à faire quelques emplettes utiles. Il courut chez un marchand d'habits de la rue de la Pépinière, prit sans regarder deux ou trois costumes et paya le marchand, qui contint une forte envie de faire arrêter cet acheteur extraordinaire. Mais Remi poussa un cri de détresse :

— Des souliers ! s'écria-t-il, des souliers !

Le marchand, bel israélite à tête de bouc avec une bouche avenante et des yeux impitoyables, répondit froidement qu' « il ne tenait pas l'article chaussures ».

— Les vôtres ! donnez-moi les vôtres ! s'écria Remi désespéré.

Mais l'israélite, de plus en plus inquiet, fit une mine si sombre que Remi s'échappa en pantoufles avec ses habits, qu'il revêtit en chemin dans le fourmillement de la rue brillante. Il décrocha dans une boutique voisine et paya au vol un chapeau. Il était quatre heures vingt-sept minutes. Remi s'élança vers la gare et entra à quatre heures trente-deux dans la salle d'attente, qui n'avait peut-être pas encore reçu un voyageur en pantoufles. Deux yeux couleur de violette, qui l'accueillirent à son entrée, semblaient lui dire : « Nous vous attendions. Vous êtes bien extraordinaire avec votre teint brun, vos habits neufs endossés à moitié et vos savates du matin. Mais vous ne nous faites ni peur, ni chagrin. Vous ne nous paraissez pas méchant et vous avez un air hardi qui ne nous déplaît pas. Voilà tout ce que nous avons à vous dire. Pour le reste, adressez-vous à maman. » Si les deux yeux de violette parlaient ainsi, les regards de madame Lourmel trahissaient cette sorte d'inquiétude qu'on voit aux poules quand on attire un de leurs poussins en lui jetant des miettes de pain.

Remi laissa discrètement la mère et la fille seules dans leur voiture et s'installa à l'autre bout du train. Assis sur sa banquette, il se demanda d'abord où, quand et comment il pourrait acheter des souliers, puis, comptant son argent et trouvant qu'il avait encore 21 fr. 35, il se sentit très rassuré. Enfin, il se demanda si, par hasard, il ne serait pas amoureux de mademoiselle Lourmel.

XI

Huit jours après le départ de Remi, M. Godet-Laterrasse, pris d'une subite ardeur pédagogique, s'achemina, un Tacite dans sa poche, vers l'hôtel de la rue des Feuillantines. Il apprit là que son élève était disparu. Un nuage passa sur son front sublime, sur ce front qui, s'il eût été un miroir, n'eût reflété que le ciel, les goëlands du Pacifique et les constellations des deux mondes. Les esprits supérieurs ont plus souvent que les autres des pressentiments. C'est pourquoi, abjurant une vieille inimitié, il se rendit à l'atelier de Labanne.

Le sculpteur, qui n'avait aucune idée du temps et de l'espace, ne put rien lui dire. Mais il le conduisit chez la nourrissante Virginie, qui attribua la disparition de Remi à un chagrin sur la nature duquel elle ne s'expliquait pas. Mais elle insinua qu'elle pouvait ne pas être étrangère à cet événement. Si, comme elle le craignait, M. Sainte-Lucie avait cédé à un désespoir d'amour, elle en était désolée. Mais on ne peut pourtant pas contenter tout le monde, quand on n'est pas une femme comme il y en a tant. Elle n'avait rien fait pour que M. Remi fût jaloux de M. Potrel. Elle termina en déclarant qu'elle était une honnête femme et qu'elle n'avait rien à se reprocher. Elle prit le tableau du Chat Maigre à témoin de son innocence, et retourna dans l'ombre où elle avait coutume de rincer des verres.

M. Godet-Laterrasse regagna soucieux les hauteurs de Montmartre. Il en descendit le lendemain sur une impériale d'omnibus et retourna à l'atelier, qu'il avait choisi pour centre d'opérations. Il y trouva le moraliste Branchut occupé, dans sa couverture, à rédiger un traité sur l'amour. Plein de son sujet, Branchut l'exposa.

— L'amour, dit-il, n'est absolu qu'entre deux êtres qui ne se sont jamais vus. Deux âmes ne sont en parfaite harmonie que dans l'absence éternelle. La solitude est la condition nécessaire de la passion définitive.

M. Godet-Laterrasse résista aux séductions d'un duel oratoire dans ces régions sublimes. Il demanda au moraliste s'il n'avait pas vu Sainte-Lucie.

La disparition du créole, que Branchut ignorait totalement, fit jaillir de la tête du philosophe une infaillible intuition. En un clin d'œil bien des choses lui furent révélées. Selon lui, cette disparition n'était pas sans une étroite connexité avec la mort de la princesse Vranga. La conduite ténébreuse de M. Sainte-Lucie, dans les circonstances qui précédèrent et accompagnèrent la fin lamentable et poétique de la princesse, était de nature, aux yeux du moraliste, à laisser un remords éternel dans l'âme de ce jeune homme, léger en apparence, mais machiavélique en réalité.

— La princesse Vranga devait mourir, ajouta le philosophe avec sérénité. Il était nécessaire qu'elle mourût pour que l'amour qu'elle avait conçu pour moi se réalisât dans l'absolu. Mais, en interceptant à plusieurs reprises les lettres que la princesse m'écrivait et dont j'ai rétabli le texte par intuition, et en ne me livrant que la dernière avec une ironie satanique, M. Sainte-Lucie a commis un crime qui l'a très probablement conduit au suicide.

Ainsi parla Branchut, dont le nez vibrait sur une face livide, plaquée de rouge, sous des yeux injectés et hagards. Labanne survint à temps pour entraîner dans la rue le malheureux précepteur, qui agitait éperdument son parapluie au-dessus de sa tête.

— Mon pauvre moraliste, s'écria Labanne, jamais il n'a eu de plus belles idées ! Un grain de phosphore dans le cerveau, et c'était un homme de génie ! Mais il a deux grains de phosphore. Voilà le malheur.

Labanne se rappela que Sainte-Lucie lui avait parlé avec enthousiasme d'un général noir, aubergiste à Courbevoie. Le sculpteur pensait que ce nègre saurait quelque chose ; d'ailleurs il avait envie de le voir.

Ils montèrent sur l'impériale d'un tramway qui les conduisit à la place de l'Étoile. Labanne s'arrêta instinctivement au premier café qu'il vit et s'abandonna devant les chopes à d'interminables bavardages. M. Godet-Laterrasse lui répondit longuement. Labanne ne l'écouta pas et lui répondit. De belles théories furent ainsi déroulées. Tout à coup le sculpteur donna un coup de pouce dans l'air et dit :

— Il y aurait un moyen de rendre cette chose supportable à l'œil.

La chose était l'Arc-de-Triomphe.

— Ce moyen est simple. Mais vous verrez qu'on n'y pensera pas. Il suffirait toutefois d'établir au pied de l'édifice un nombre suffisant de savetiers, d'écrivains publics et de marchands de pommes de terre frites ; ceux-ci très utiles à cause de la fumée. Les échoppes devraient être sordides et accompagnées d'enseignes incorrectes ainsi que de figurations grossières. On permettrait à ceux qui les construiraient d'enlever des pierres au monument, surtout aux angles, ce qui en atténuerait très avantageusement la dureté. Il serait bon de combler les trous qui résulteraient de ces divers descellements avec des pelletées de terre dans lesquelles on sèmerait des faînes et des glands. Les hêtres, les chênes, en déployant à différentes hauteurs leurs bouquets verts, rompraient la monotonie des surfaces grises et, en poussant leurs racines dans la maçonnerie, détermineraient des lézardes d'une sinuosité pittoresque. Il faut beaucoup de lierre, mais cette plante grimpante ne nous fera pas défaut ; elle vit sur la pierre. Les vents et les oiseaux sèmeront dans la poussière des fissures la giroflée, qui aime les vieux murs, et mille autres graminées. Le saxifrage, avide d'humidité, la ronce et la vigne vierge naîtront et pulluleront à l'aventure. Le faîte de l'édifice sera dentelé de pigeonniers. Les hirondelles maçonneront leurs nids sous les voûtes. Des compagnies de corbeaux, attirés par les cadavres des loirs et des mulots, s'abattront sur les corniches à la tombée de la nuit. Alors, l'Arc-de-Triomphe, entretenu de la sorte avec un soin intelligent, pourra être regardé par les poètes, copié par les peintres et considéré comme une œuvre d'art. Garçon, un bock !

La nuit tombait. L'artiste et le penseur renoncèrent à pousser plus avant et reprirent le tramway de Montparnasse.

XII

Pendant que madame Lourmel s'installait avec sa fille dans une petite maison de pierre grise et de chaume sur une plage peu fréquentée, à quelques kilomètres d'Avranches, Remi, joyeux et trempé d'air salé, s'en allait à une foire voisine avec sa boîte de couleurs. Il ne lui restait que 14 fr. 70, mais il avait des souliers. Des files de charrettes s'alignaient aux abords de la place. Et c'était sous le quinconce une grande confusion de faces rougeaudes à colliers de barbe blonde, d'échines de veaux sur lesquelles s'écaillait la bouse, de cornes, de groins, de croupes luisantes et de coiffes blanches. Les cris des cochons qu'on tirait des charrettes dominaient la vague rumeur des bêtes et des gens. Tandis que les femmes, une chaîne d'or au cou, sur le fichu de coton, se tenaient roides dans leurs jupes plates près des charrettes et veillaient âprement, les hommes, en blouse bleue à plis bouffants, traitaient leurs affaires en buvant du cidre dans le cabaret plein de mouches.

Remi passa sous la branche de houx et s'installa avec son papier et ses crayons à une des tables du cabaret. Il fit un portrait, puis un autre, puis un autre, puis celui de tous les paysans qui le regardaient. Il demandait vingt sous de chaque portrait. Mais les bourses ne se déliaient pas.

— Allez chercher vos amoureuses, dit l'artiste. Je vais les croquer.

Il y eut une rumeur dans la foule et une grosse fille fut poussée devant Remi par trois ou quatre compères d'une extrême jovialité. Elle était pourpre, presque violette et riait d'une oreille à l'autre. Remi fit un croquis où la fille était reconnaissable à sa coiffe et à sa croix. Un des joyeux compères chercha dans un bas de laine une pièce blanche pour le peintre et mit sous sa blaude le dessin proprement plié en quatre.

L'opinion fut que le Parisien tirait bien les ressemblances, et Remi s'en retourna avec quelques pièces blanches dans ses poches.

Il coucha dans l'auberge la plus rustique du village où madame Lourmel s'était établie et parut le lendemain sur la plage blonde où des cabines bariolées étaient rangées en ligne.

La mer, bleue à l'horizon, montait lentement et déferlait sur le sable en lames huileuses et verdâtres, frangées d'écume. Un ciel humide et doux, un de ces ciels perfides qui caressent et brûlent la peau tendre des citadins, fermait l'horizon circulaire. Le vent modéré qui soufflait du large taquinait les toilettes des Parisiennes. Des femmes grêles, en costume de bain et la chevelure prise dans un bonnet de toile gommée, couraient au-devant de la lame. Il aperçut mademoiselle Lourmel dont le voile violet flottait librement.

Il eut envie de lui sauter au cou, mais il vit déboucher, à l'angle d'un petit chemin qui mourait sur la grève, M. Sarriette, avec ses mêmes favoris blancs et son même parapluie.

— Bonjour, monsieur Sarriette, dit-il au vieillard surpris.

Au bout d'un quart d'heure, ils étaient bons amis.

— J'aime beaucoup les vieux monuments, dit M. Sarriette. Et, tel que vous me voyez, j'ai passé trois semaines à mesurer tous les murs de l'abbaye du mont Saint-Michel. Par une habitude qui m'est particulière, je me suis servi de mon parapluie pour prendre ces mesures. Ainsi les remparts ont une hauteur moyenne de soixante-douze parapluies, et, dans l'église, les colonnes de la nef ne mesurent pas moins de trente-sept parapluies, trois becs et deux bouts ferrés.

M. Sarriette fut enchanté d'apprendre que Remi était peintre. Ils convinrent d'exploiter ensemble tout l'Avranchais. M. Sarriette mesurerait les monuments historiques et Remi en prendrait des croquis.

— Présentez-moi à madame Lourmel, dit Remi.

Et sur ces mots du bonhomme : « M. Remi Sainte-Lucie, fils de M. Sainte-Lucie, ancien ministre à Haïti, » Remi s'inclina devant madame Lourmel muette de surprise, et devant la jeune fille, qui ouvrait démesurément ses yeux de violette, tandis que sa bouche s'épanouissait.

Le soir de ce jour, madame Lourmel et sa fille, accoudées à la fenêtre, respiraient l'air chargé de sel et regardaient la lune levée sur la mer scintillante.

— Mais, mon enfant, disait madame Lourmel, nous ne savons rien ni de sa famille, ni de sa fortune, ni de sa conduite.

— Mais, maman, je l'aime, s'écria la jeune fille avec l'audace de l'innocence.

— Que dis-tu là, Jeanne ? reprit la mère. Tu ne le connais même pas.

Et Jeanne, dont les beaux yeux brillaient d'une tendresse un peu mutine, répartit :

— Maman, je ne le connais pas, mais je le reconnais.

XIII

M. Alidor Sainte-Lucie, arrivé depuis douze heures à Paris, n'avait pas encore vu son fils. Il l'avait vainement cherché dans la gare et vainement attendu à l'hôtel. Cette absence l'offensait ; ses nerfs, ébranlés par un long voyage, avaient ressenti, sur le paisible sommier de l'hôtel, le tangage du navire et la trépidation de l'express. Il se réveilla mécontent. Le vague malaise qui traversait ses membres résonnait dans son cerveau.

Couché à demi dans un fiacre et cahoté sur le pavé des rues montantes, il songeait avec mauvaise humeur à l'éducation de son fils, que M. Godet-Laterrasse menait si mollement. Quatre ans s'étaient passés, et Remi n'était pas bachelier. C'était donc pour obtenir un semblable résultat, qu'il avait choisi comme précepteur un homme pauvre, mais supérieur ! Il avait mieux espéré de M. Godet-Laterrasse, si éloquent et si austère dans les cafés politiques. Les lettres qu'il recevait du précepteur l'agaçaient par leur vague et leur creux. Il était en outre furieux contre Remi, qui n'était pas venu embrasser son père à la gare, comme il le devait. Une odeur de friture vint agacer ses narines. Le fiacre montait lentement, traîné par un maigre cheval qui, la tête basse et la langue longue, tendait l'échine au fouet. Enfin le cocher s'arrêta sans rien dire. Devant la portière du fiacre, les cent-soixante marches du passage Cotin s'élevaient roidement.

M. Alidor, descendu de voiture, donna au cocher une pièce de cent sous que celui-ci, bourgeonné de visage, énorme et poudreux, mit entre ses dents sans s'expliquer davantage. Alors commença une longue scène muette. Le cocher, mouvant avec lenteur, sur son siège, sa masse colossale, fouilla dans une de ses poches, dont il tira un sac, s'arrêta pour surveiller sa bête qui remuait convulsivement, explora une autre poche, poussa son cheval quelques pas en avant pour se garer d'un camion qui ne le menaçait pas, retourna les goussets de son gilet rouge et finalement montra sept sous au voyageur exaspéré. C'est tout ce qu'il pouvait rendre. Il n'avait pas d'autre monnaie. M. Alidor lui tourna le dos avec rage et l'entendit fouetter son cheval en grommelant. Les irréprochables bottines vernies craquèrent sur les pierres disjointes du passage Cotin et gravirent, de degré en degré, la voie ardue qui suintait en plein été des humeurs infectes et gluantes. Enfin, après avoir glissé sur les degrés visqueux de l'escalier intérieur, M. Alidor agita la patte de biche qui pendait à la porte moisie. Après un assez long silence, la porte s'entrebâilla et laissa passer une tête encornée d'un madras multicolore. L'homme supérieur, réveillé en sursaut, avait enfourché à la hâte un pantalon crotté d'une boue très ancienne qui s'écaillait. Une odeur de tabac humide pesait dans l'air. Un jour verdâtre, épuisé par de nombreux ricochets, filtrait péniblement à travers les vitres sales. Des caricatures politiques étaient épinglées aux murs. Le lavabo était envahi par des livres crasseux et débraillés. Un morceau de savon, un peigne et la moitié d'un petit pain se mêlaient à des manuscrits et à des dictionnaires sur la table à écrire. Cette misère révélait une telle habitude de paresse et de désordre, que M. Sainte-Lucie, après un seul coup d'œil jeté sur la chambre, connut le précepteur comme s'il l'avait suivi de café en café pendant vingt ans. Le malheureux créole s'efforçait de relever par la dignité de sa tenue l'ignominie de sa demeure.

— Excusez-moi, dit-il à l'ancien ministre, de vous recevoir dans le désordre d'une cellule d'anachorète moderne.

Il ajouta en se redressant :

— Les bénédictins du XIXe siècle, c'est nous !

Et il fourrait, à la dérobée, dans ses poches, les peignes et les croûtes de pain qui déshonoraient sa table.

M. Sainte-Lucie dut reconnaître intérieurement qu'il s'était trompé lui-même et qu'il n'avait pas été trompé. Comment M. Godet-Laterrasse eût-il pu tromper quelqu'un ? Ce lézard crotté était pitoyable, mais s'il y avait un sentiment étranger à l'âme de M. Alidor Sainte-Lucie, c'était bien la pitié. Il ne pouvait s'en prendre qu'à lui-même, et c'est ce qu'il pardonnait le moins à son innocent précepteur. Dans sa colère, il serrait les lèvres et jetait des regards sombres. Mais il éprouva bientôt une volupté spéciale à dissimuler. Il fit prendre à sa voix douce d'homme fort un accent presque câlin pour dire :

— Mon cher monsieur Godet, pardonnez-moi de vous avoir pris au saut du lit. (Et quel regard il jeta à ce qu'il nommait poliment un lit !) Ma première visite a été pour vous. Nous irons surprendre Remi, que j'avais averti de mon arrivée et qui s'en est fort peu inquiété. Je veux lui tirer les oreilles.

À ces mots, un frisson d'épouvante agita le précepteur, qui, si haut qu'il levât la tête, voyait au-dessus de lui le visage énigmatique du mulâtre.

Il essaya un sourire et répondit en balbutiant qu'il avait donné congé à Remi pour cette journée et que l'étudiant devait sans doute faire une partie de campagne.

Le malheureux n'avait gagné qu'un jour. Il le passa en recherches qui le harassèrent et ne lui firent rien découvrir.

Le lendemain matin, dès huit heures, M. Sainte-Lucie reparut dans la cellule, que le bénédictin du XIXe siècle avait un peu mise en ordre. Lui-même s'y tenait en cravate blanche, avec cette expression stoïque qui le rendait si remarquable dans les cérémonies. La peur que lui donnait l'ancien ministre de Soulouque n'était pas son seul tourment. Il avait peu de crédit dans l'impasse du Baigneur et, ne possédant pas vingt sous, il était aux abois. Les deux cents francs qu'il touchait chaque mois au consulat d'Haïti étaient régulièrement écornés par les acomptes qu'il versait à divers fournisseurs. Car il était honnête. Le reste de la somme ne lui faisait pas un long usage. Son geste favori était de répandre l'or.

Il suivit M. Sainte-Lucie avec un excès d'inquiétude qui l'étourdissait, l'aveuglait, l'anéantissait et devenait peu à peu de l'indifférence. Réveillé en sursaut par la voix du Haïtien qui nommait au cocher la rue des Feuillantines, il essaya de gagner encore quelques heures.

— Cher monsieur, dit-il, nous n'aurons toutes les chances de trouver Remi que dans l'après-midi, à l'heure de ma leçon.

Le mulâtre, méfiant et dissimulé, soupçonna qu'on lui cachait quelque chose. Il eut comme de la joie à emmagasiner les griefs dans sa mémoire et répondit avec une bonhomie parfaite :

— Eh bien, allons déjeuner. Vous devez avoir faim, M. Godet.

Ils déjeunèrent dans un café du boulevard. Le précepteur mangeait peu et regardait avec épouvante le mulâtre colossal avaler les viandes qui nourrissaient sa force. Jamais cet homme ne lui avait paru si grand et si large. D'énormes bras aux muscles de bronze apparaissaient sous les manchettes boutonnées d'or du Haïtien, qui parlait avec une douceur presque enfantine. Le pétillement de ses yeux cruels était amorti par des cils abaissés avec confiance. Et cette confiance ajoutait aux angoisses du précepteur. Le déjeuner traîna en liqueurs et en cigares. Il finit pourtant. Et la voiture, amenée par un garçon de café, emporta vers la rue des Feuillantines le père et le maître.

Celui-ci espérait un miracle. Il s'attendait presque à trouver, par un coup de la Providence, Remi occupé dans sa chambre à piocher son Tacite.

La première parole de la maîtresse d'hôtel fut foudroyante.

— M. Remi n'a pas reparu, dit-elle ; il faut avertir la police.

M. Alidor se tourna vers le précepteur en croisant les deux bras. Sa face restait brune et mate, mais ses lèvres étaient blanches et ses yeux injectés. Les dents serrées, il demanda avec une voix de gorge :

— Où est-il ? Vous me répondez de lui !

Puis il étendit sa forte main et saisit le bras du précepteur, qui, puisque la terre ne s'entrouvrait pas sous lui, devant le bureau de l'hôtel, leva la tête et contempla la cage de l'escalier. Jusque dans son écroulement même, il restait sublime. M. Sainte-Lucie jeta un regard de côté, vit des chandeliers de cuivre rangés sur une tablette, des clefs étiquetées et une affiche de liquoriste, choses qui témoignaient d'une civilisation européenne. S'il avait vu autour de lui des mornes arides, les parois abruptes d'une ravine ou les palétuviers de son île, il aurait cédé vraisemblablement au désir voluptueux d'étrangler le précepteur. Il s'abstint par respect pour les mœurs continentales et il se contenta de dire :

— Je ne vous quitte plus que vous ne l'ayez retrouvé.

Alors commença la série des courses en fiacre. M. Godet-Laterrasse guidait le mulâtre muet. Il dînait avec lui dans des restaurants somptueux, recevait les sourires amènes des garçons et mangeait des mets succulents. Il montait, le soir, sur des tapis sourds, l'escalier de l'hôtel, et l'ombre démesurément allongée de son compagnon inévitable montait à son côté. Il entrait dans une belle chambre dont la clef se refermait sur lui, et ne grinçait le lendemain matin que pour le rappeler à cette existence somptueuse et cruelle. Un fiacre qui les attendait dans la rue les prenait et roulait tout le jour. Ils allèrent au Chat Maigre. Virginie étala devant le père beaucoup d'intérêt pour le fils. Elle avait reprisé, disait-elle, le linge de M. Remi. Elle se serait jetée au feu pour lui. Elle n'était pas une femme comme il y en a tant.

— Allez voir à la morgue, ajouta-t-elle en soupirant.

Elle s'enfuit dans la cuisine pour reparaître un moment après, le nez rouge et les paupières fripées et tenant à la main une note que M. Remi n'avait pas réglée.

Elle profita aussi de la circonstance pour rappeler à M. Godet les consommations qu'il lui devait. Mais l'homme de fer avait oublié son porte-monnaie. D'ailleurs, il ne luttait plus. Sa captivité roulante l'épuisait. Il fut traîné du Chat Maigre à l'atelier de Labanne. Le sculpteur déclara, en caressant sa barbe rutilante, qu'il ne voyait pas encore le monument expiatoire des victimes de la tyrannie. Il étudiait la flore des Antilles. Il montra à M. Sainte-Lucie un chevalet déjà à moitié enseveli sous un amoncellement de livres.

— C'était le chevalet de Remi, dit le sculpteur. Le gaillard commençait à peindre avec une adresse de singe.

— Mon fils est peintre ! s'écria M. Sainte-Lucie étonné.

Et par un geste qui lui devenait familier, il poussa le précepteur dans la voiture qui les attendait. Ils allèrent à la préfecture de police ; ils allèrent chez Dion, qui composait un poème sous des fleurets en croix. Une tête de mort, masquée d'un loup à barbes de dentelle, était posée sur sa bibliothèque. Ils allèrent chez Mercier, qui vivait avec une sage-femme fortement charpentée et haute en couleur. Ils allèrent au fond des Batignolles, dans l'atelier où Potrel faisait de la peinture. Ils allèrent chez une demoiselle Marie et chez une demoiselle Louise qui appela l'ancien ministre « papa » et lui fit des agaceries.

Un jour, après un excellent déjeuner, et voyant déjà le fiacre qui devait l'emporter, M. Godet-Laterrasse demanda à M. Sainte-Lucie qu'il lui fût au moins permis d'aller dans son appartement chercher une chemise et des chaussettes. Mais le père, sans lui répondre, ordonna au cocher de s'arrêter devant le premier chemisier qu'il rencontrerait.

Ce jour-là, ils allèrent chez Télémaque. Miragoane, qui n'avait jamais vu de fiacre s'arrêter devant la boutique de son maître, aboya avec inquiétude. Et quand Télémaque vit descendre l'ancien ministre de l'empereur, il fut saisi de respect et d'effroi.

— C'est vous ! mouché Sainte-Lucie.

Il dit, se tut et sa bouche resta ouverte.

Il coulait des regards furtifs sur le fiacre, dans la crainte que Soulouque y fût caché. Mais rassuré à cet égard, il envoya un sourire à M. Godet-Laterrasse et descendit à la cave pour y chercher des bouteilles de bière.

En son absence, M. Sainte-Lucie examina le portrait qui était suspendu, dans un cadre doré, au-dessus de la stalle du comptoir.

— N'est-ce pas, mouché, que c'est quelque chose de beau ? dit le noir, dont la tête seule passait au ras du sol. C'est mouché votre fils qui a peint mon portrait. Il est sorcier, mouché Remi.

Le père lança au précepteur le regard de deux prunelles chargées d'un venin noir. Ce fut tout.

Quand il apprit de l'ancien ministre que Remi était disparu, Télémaque réfléchit longtemps. Ses yeux mi-clos, comme ceux d'un matou qui s'endort, semblaient consulter ceux de Miragoane. Enfin, il secoua la tête et dit avec une gravité religieuse :

— Mouché, l'amour a emporté le jeune homme. Les jeunes gens sont agités par l'amour, comme le frère Vaudou quand il danse sur la cage du serpent. Une vieille femme qui fait bien la cuisine est quelque chose de bon. Mais une jolie jeune fille est aussi quelque chose de bon.

Télémaque se tut.

— Vous savez où est mon fils ? lui dit M. Sainte-Lucie.

— Oui, mouché, lui répondit Télémaque ; il est où est la jeune fille.

On lui demanda où était la jeune fille dont il parlait.

— Je ne sais pas, mouché, répondit-il.

Et il sourit comme un petit enfant.

M. Sainte-Lucie n'en put obtenir davantage. Il poussa le précepteur avec son paquet de chemises et de chaussettes dans le fiacre et adjura Télémaque de lui faire savoir tout ce qu'il pourrait découvrir à l'égard de Remi.

XIV

Télémaque était vêtu de noir. Il avait très bonne mine dans ses habits bourgeois et le suisse de l'hôtel lui indiqua sans hésiter l'escalier d'honneur.

— Bonjour, mouché, dit-il à M. Alidor qu'il trouva, en veston rose et en pantalon à pieds. Je sais où est mouché Remi. Il est où est la jeune fille, et la jeune fille est à Avranches sur la mer.

Il expliqua ensuite qu'ayant remarqué, en plusieurs occasions, que le jeune homme s'intéressait beaucoup à M. Sarriette, propriétaire à Courbevoie, il avait pensé que ce devait être à cause d'une jeune fille. Il avait appris par la bouchère et la boulangère que M. Sarriette, qui voyait peu de monde, était le tuteur d'une jeune fille, orpheline de père, qui habitait avec sa mère la rue des Feuillantines. Cette fille était jolie, disait-on. Et sachant que M. Sarriette était allé retrouver sa pupille dans un petit village près d'Avranches, Télémaque ne douta pas que mouché Remi ne fût aussi à Avranches. Il affirma que frère Joseph, le prophète, n'eût pas mieux deviné, même après avoir dansé sur la cage du serpent.

M. Sainte-Lucie courut tirer de sa prison le précepteur, qui commençait à s'accoutumer à cette vie plantureuse et stupéfiante, et lui ordonna de faire ses malles. À cette cruelle ironie, M. Godet-Laterrasse regarda le plafond avec ces yeux de caniche et de martyr qui le rendaient si touchant. On lui fit acheter quelques mouchoirs par un garçon d'hôtel et il dut rouler, au côté du mulâtre, sur la ligne de Normandie.

Les deux voyageurs passèrent la nuit à Avranches. Le lendemain matin, une lumière douce argentait la baie de sable, au fond de laquelle le mont Saint-Michel mettait sa pyramide brune et dentelée. M. Sainte-Lucie entraîna M. Godet-Laterrasse jusqu'à la voiture publique qui devait les conduire au village des bains. L'ancien ministre se jeta dans le coupé et fit placer son prisonnier sous la bâche, entre deux caisses dont les angles lui entraient dans les côtes.

Arrivé sur la plage par un joli temps d'un gris tendre, M. Sainte-Lucie enferma sa victime dans une chambre d'hôtel. L'hôtelière, interrogée, répondit que M. Remi, accompagné de M. Sarriette, était parti avec sa boîte de couleurs du côté des falaises. En effet, après dix minutes de marche, M. Alidor trouva son fils tranquillement occupé à peindre des rochers. Le père eut envie tout à la fois de l'assommer à coups de canne et de l'embrasser à tour de bras. Il ne savait lequel de ces deux désirs satisfaire quand Remi lui sauta au cou.

Ce n'était plus le grand enfant maussade que son père avait vu quatre ans auparavant. C'était un robuste gaillard, bien éveillé et de bonne humeur. Il avait la mine ouverte et souriante.

— Quel bonheur que vous soyez venu, papa ! s'écria-t-il. J'allais vous écrire. M. Sarriette, que je vous présente, vous présentera à madame et à mademoiselle Lourmel.

M. Sarriette cessa de mesurer la falaise avec son parapluie et salua.

Le soir, sous l'innombrable armée des étoiles, M. Alidor Sainte-Lucie, paré de toutes ses grâces créoles, offrait le bras à madame Lourmel pour faire un tour de promenade sur la plage.

Remi marchait à côté de Jeanne et regardait les ombres bleues de la nuit descendre des cils de la jeune fille sur ses joues rondes. Elle tourna vers le jeune homme ses yeux frais comme des violettes trempées de rosée, et, laissant voir ses dents sur lesquelles descendait un rayon de lune, elle dit :

— Maman ne comprenait pas du tout, mais pas du tout pourquoi vous étiez parti en voyage en même temps que nous, sans chapeau, avec des pantoufles et un veston. Mais moi j'ai bien compris que c'était parce que vous vouliez m'épouser.

M. Alidor, resté seul avec son fils, lui dit d'un ton moitié tendre, moitié bourru :

— Elle est très bien, cette jeune fille. Tu n'en méritais pas une pareille. J'ai eu bien tort de ne pas raconter à madame Lourmel la vie que tu as menée à Paris, polisson. Sais-tu peindre au moins ?

Tout à coup, il se frappa le front.

— Et cet imbécile de Godet que j'ai laissé enfermé dans sa chambre !
s'écria-t-il.

FIN

UltraLetters vous invite à lire ou relire…

Collection Classiques

Charles Baudelaire, *Pauvre Belgique!*
Hendrik Conscience, *De Leeuw van Vlaanderen (édition néerlandaise)*
James Fenimore Cooper, *Le Dernier des Mohicans*
Charles Darwin, *L'Origine des espèces*
Charles Dickens, *A Christmas Carol (édition bilingue anglais-français)*
Erasme, *Eloge de la folie*
Gustave Flaubert,
　　L'éducation sentimentale
　　Madame Bovary
　　Salammbô
Anatole France
　　Jocaste et Le Chat maigre, 1879
　　Le crime de Sylvestre Bonnard, 1881
　　Le Lys rouge, 1894
　　Le Jardin d'Epicure, 1894
　　Crainquebille, Putois, Riquet et plusieurs autres récits profitables, 1904
　　L'Île des Pingouins, 1908
　　Les dieux ont soif, 1912
　　La Révolte des anges, 1914
Jerome K. Jerome, *Three Men in a Boat (édition bilingue anglais-français)*
Comte de Lautréamont, *Les Chants de Maldoror, suivi de Poésies I et II*
Camille Lemonnier, *Un Mâle*
Jack London,
　　The Call of the Wild (édition anglaise)
　　Love of Life (édition bilingue anglais-français)
William Shakespeare, *Roméo et Juliette*
Sophocle, *Antigone (édition anglaise)*
Robert Louis Stevenson, *Dr. Jekyll et Mr. Hyde* (édition bilingue anglais-français)
Oscar Wilde,
　　L'Âme humaine sous le régime socialiste
　　Le Crime de Lord Savile et autres contes
　　Le Portrait de Dorian Gray
　　The Picture of Dorian Gray (édition anglaise)
　　The Picture of Dorian Gray (édition bilingue anglais-français)
　　The Soul of Man under Socialism (édition bilingue anglais-français)
Jules Verne,
　　Un capitaine de quinze ans
　　Cinq semaines en ballon
　　De la Terre à la Lune
　　Michel Strogoff
　　Le Tour du monde en quatre-vingts jours

Vingt mille lieues sous les mers
Voyage au centre de la Terre
Richard Wagner, *Dix écrits*

Collection Contes & Légendes

Hans Christian Andersen, *Contes d'Andersen*
Lewis Carroll,
      Alice au pays des merveilles (illustré)
      Alice au pays des merveilles (édition bilingue anglais-français)
Frères Grimm, *80 contes*

Collection Histoire

Jean François Paul de Gondi, Cardinal de Retz, *Mémoires*
Arthur Young, *Voyages en France: En 1787, 1788, 1789 et 1790*

Collection Humour

Alphonse Allais, *A se tordre*
Jean Aymard de Vauquonery,
      Mémoires d'un amnésique
      The Air Handbook of Air Guitar

Collection Management

Eric Lorio, *Les citations du manager*

Collection Politique

Nicolas Machiavel, *Le Prince*
Karl Marx & Friedrich Engels, *Manifeste du parti communiste*
Thomas More, *L'Utopie*
Sun Tzu, *L'Art de la guerre*

Collection Sciences Humaines

Henri Bergson (œuvres majeures)
      1. *Essai sur les données immédiates de la conscience*, 1889
      2. *Matière et Mémoire*, 1896
      3. *Le Rire. Essai sur la signification du comique*, 1899
      4. *L'Évolution créatrice*, 1907
      5. *L'Énergie spirituelle*, 1919
      6. *Durée et simultanéité*, 1922
      7. *Les Deux Sources de la morale et de la religion*, 1932
      8. *La Pensée et le mouvant*, 1934
Emile Durkheim, *Les règles de la méthode sociologique*, 1894
Gustave Le Bon,
      Psychologie de l'éducation
      Psychologie des foules

Psychologie politique et défense sociale

Collection Spiritualités

Anonyme, *La Bhagavad-Gîtâ, ou le Chant du Bienheureux*

UltraLetters

www.ingramcontent.com/pod-product-compliance
Lightning Source LLC
Chambersburg PA
CBHW070928130626
46555CB00001B/342